IHMEOTUKSET
DUMBLEDOREN SALAISUUDET

ALKUPERÄINEN ELOKUVAKÄSIKIRJOITUS

WIZARDING WORLD

IHMEOTUKSET
DUMBLEDOREN SALAISUUDET

ALKUPERÄINEN ELOKUVAKÄSIKIRJOITUS

Käsikirjoitus

J. K. ROWLING & STEVE KLOVES

Perustuu J. K. ROWLINGIN *käsikirjoitukseen*

Alkusanat

DAVID YATES

Suomentanut

JAANA KAPARI-JATTA

Ainutlaatuista lisäaineistoa kulissien takaa ja mm.

DAVID HEYMANIN, JUDE LAW´N, EDDIE REDMAYNEN
ja COLLEEN ATWOODIN *kommentteja.*

TAMMI
HELSINKI

Englanninkielinen alkuteos
Fantastic Beasts: The Secrets of Dumbledore. The Complete Screenplay
ilmestyi vuonna 2022 (Scholastic Inc.)

Taitto Indicio Oy, Helsinki

Elokuvan tekstitykset Warner Bros:n elokuvaan
Ihmeotukset: Dumbledoren salaisuudet suomentanut Timo Porri
Teoksen *Ihmeotukset: Dumbledoren salaisuudet* suomentanut Jaana Kapari-Jatta

ISBN 978-952-04-4444-0
Painettu EU:ssa

FSC
www.fsc.org
MIX
Paper from responsible sources
FSC® C021394

ALKUSANAT

SUKELLUS takaisin J. K. Rowlingin velhomaailmaan *Dumbledoren salaisuuksien* myötä oli yhtä aikaa jännittävää luomismielessä ja haastavaa logistiikkamielessä, huomioiden että tuotanto alkoi samaan aikaan kuin maailmanlaajuinen pandemia ja työskentelimme suurimman osan ajasta Hertfordshiressä Englannissa sijaitsevalta Leavesdenin studiolta käsin. Sinne takapihalle Stuart Craig ja hänen suurenmoinen lavastusryhmänsä, joille erinäiset COVID-19:n aiheuttamat matkustusrajoitukset aiheuttivat vastusta, loivat taikaiset versionsa Berliinistä, Bhutanista ja Kiinasta. Rakensimme myös uusiksi osan mieleenpainuvimmista aiempien velhomaailmatarinoiden ja -elokuvien lavasteista, mukaan lukien Sianpään, Tarvehuoneen ja itsensä Tylypahkan.

Jon ja Steven käsikirjoitus liikkuu ketterästi vanhan ja uuden välissä ja tasapainottaa ajankohtaisen poliittisen tarinan charmilla ja tunteella. Tarinan ytimessä yksi Jon kestävimmistä ja rakastettavimmista hahmoista, Albus Dumbledore, käsittelee nykyisyyden vaaroja ja menneisyyden murheita, kun taas Lisko Scamanderin missiona on estää Grindelwaldin nousu valtaan.

Maailman vajottua outoon horrokseen me työskentelimme monta kuukautta kääntääksemme Jon ja Steven maailman valkokankaalle.

Dumbledoren salaisuuksissa vaaralliset ajat voivat suosia vaarallisia miehiä, mutta Dumbledoren, Liskon ja heidän yli sataan vuoteen vaarallisinta velhoa vastaan kokoamansa porukan rohkeus ja sinnikkyys lupailevat, että valo ja rakkaus voivat lopulta vielä vallita, vaikka todennäköisyydet näyttäisivät miten haastavilta.

– DAVID YATES

21. maaliskuuta, 2022

Näyttelijät ja tuotantotiimi

Warner Bros. Pictures Presents
A Heyday Films Production
A David Yates Film

IHMEOTUKSET:
DUMBLEDOREN SALAISUUDET

Directed by .... David Yates
Screenplay by .... J. K. Rowling & Steve Kloves
Based upon a screenplay by .... J. K. Rowling
Produced by .... David Heyman, p.g.a., J. K. Rowling, Steve Kloves, p.g.a., Lionel Wigram, p.g.a., Tim Lewis, p.g.a.
Executive Producers .... Neil Blair, Danny Cohen, Josh Berger, Courtenay Valenti, Michael Sharp
Director of Photography .... George Richmond, BSC
Production Designers .... Stuart Craig, Neil Lamont
Edited by .... Mark Day
Costume Designer .... Colleen Atwood
Music by .... James Newton Howard

ROOLEISSA

Lisko Scamander .... Eddie Redmayne
Albus Dumbledore .... Jude Law
Valio Barebone .... Ezra Miller
Jacob Kowalski .... Dan Fogler
Queenie Goldstein .... Alison Sudol
Theseus Scamander .... Callum Turner
Eulalie "Lally" Lande .... Jessica Williams
Tina Goldstein .... Katherine Waterston

ja

Gellert Grindelwald .... Mads Mikkelsen

DUMBLEDOREN SALAISUUDET

1 INT. JUNANVAUNU – PÄIVÄ

Vaitonaisia MIEHIÄ ja NAISIA istuu välkähtelevässä valossa. KAMERA LIUKUU hitaasti, paljastaa seisovan MIEHEN, joka huojuu hiljalleen junan liikkeiden mukana, pitää kiinni kattolenkistä. Emme näe miehen kasvoja, mutta hänen HATTUNSA, joka on rempseästi hiukan kallellaan, vaikuttaa jotenkin tutulta.

2 EXT. ASEMA – HETKEN PÄÄSTÄ – PÄIVÄ

Juna pysähtyy. Ovet avautuvat. Miehiä ja naisia virtaa ulos, mukaan lukien se, jolla on hattu.

3 EXT. PICCADILLY CIRCUS – HETKEN PÄÄSTÄ – PÄIVÄ

Mies, jolla on hattu, saapuu valoon ja erkanee kanssamatkustajistaan. Hän vilkaisee nopeasti ympärilleen, jatkaa sitten matkaa.

4 INT. KAHVILA – PÄIVÄ

Kiireistä. Äänekästä. Kun TARJOILIJA, jolla on TUMMA POLKKATUKKA, tulee näkyviin, jatkamme hänen mukanaan, suuntaamme kulkumme sinne, minne hän suuntaa, kun hän lipuu sulavasti nuorimman asiakasjoukon lomitse takaosan pöytään, jolle hän laskee kupin jotain kuumaa hattupäisen miehen eteen: DUMBLEDORE.

(YLLÄ) ALBUS DUMBLEDORE, PUVUSTUSSUUNNITELMA

(VIERESSÄ) ALBUS DUMBLEDOREN TAPAUSKANSIO
TILAA JÄTETTY LIIKKUVILLE KUVILLE.

454623

MINISTRY OF MAGIC

DEPARTMENT OF MAGICAL LAW ENFORCEMENT

FORM NO 298/7122DY

- AUROR OFFICE - IMPROPER USE OF MAGIC - HIT WIZARDS -
- WIZENGAMOT ADMINISTRATION SERVICES -

PLEASE DO NOT COMPLETE THIS SECTION - FOR APPROVED MINISTERIAL PERSONNEL ONLY

THIS INVESTIGATION MUST BE VALIDATED BY A MINISTRY OFFICIAL - USE APPROPRIATE STAMP HERE

SIGNED AND DATED BY SENIOR OFFICER

MINISTRY OF MAGIC REGULATION NO19/0244- ARTICLE 7ᴬA/DALP

DEPT. OF MAGICAL LAW ENFORCEMENT - CASE FILE

ALL WITCHES AND WIZARDS BEING INVESTIGATED BY THE DEPARTMENT OF MAGICAL LAW ENFORCEMENT UNDER THE JURISDICTION OF THE MINISTRY OF MAGIC ARE SUBJECT TO THE STRICTEST CONFIDENTIALITY, UNTIL OTHERWISE DEEMED NECESSARY BY THE MINISTER FOR MAGIC. THIS FILE IS CONFIDENTIAL AND INFORMATION APPERTAINING TO THIS CASE FILE MUST BE REPORTED BACK TO THE SUPERIOR MINISTERIAL EMPLOYEE OVER SEEING SAID INVESTIGATION.

CASE FILE NUMBER: 000819177

ALL INFORMATION REGARDING CASE FILES AND INVESTIGATIVE WORK UNDERTAKEN FOR THE DEPARTMENT OF MAGICAL LAW ENFORCEMENT IS STRICTLY CONFIDENTIAL.

1 - SECTION 190871/A

NAME OF WITCH OR WIZARD: ALBUS PERCIVAL WULFRIC BRIAN DUMBLEDORE

NATIONALITY: BRITISH

PRESENT ADDRESS: HOGWARTS SCHOOL OF WITCHCRAFT AND WIZARDRY

DATE OF BIRTH: 6/*/

PROFESSION OR OCCUPATION: PROFESSOR OF DEFENCE AGAINST THE DARK ARTS

INVESTIGATIVE NUMBER: 2 0018

INVESTIGATIVE NUMBER MUST BE CONFIRMED BY SUPERIOR - AS MENTIONED IN ARTICLE 35

PHOTO MUST BE RECENT

2 - SECTION 190871/B

1 - R. THUMB | 2 - R. MERCURY | 3 - R. APOLLO | 4 - R. SATURN | 5 - R. JUPITER

APPLICANT'S RIGHT HAND FINGER PRINTS - ONLY USE ROYAL PURPLE INK

HEIGHT: 5' 11"

WEIGHT: 175 LBS

COLOUR OF HAIR: FAIR

COLOUR OF EYES: BLUE

COMPLEXION: FAIR

SPECIAL PARTICULARS: DESCRIBE ANY MARKS OR SCARS

XXX

THE PERSONS MENTIONED BELOW ARE THE KNOWN MEMBERS OF SUBJECTS FAMILY:

SPOUSE: N/A ... BORN AT (PLACE) ... (DATE) ...

FATHER: PERCIVAL DUMBLEDORE ... BORN AT (PLACE) XX ... (DATE) XX

MOTHER: KENDRA DUMBLEDORE ... BORN AT (PLACE) XX ... (DATE) XX

3 - SECTION 190871/C

KNOWN HISTORY OF SUBJECT (INCLUDING FAMILY HISTORY & EDUCATION)

KNOWN TO HAVE ATTENDED HOGWARTS SCHOOL OF WITCHCRAFT AND WIZARDRY - SORTED INTO GRYFFINDOR.

FATHER PERCIVAL DUMBLEDORE SENTENCED TO LIFE IN AZKABAN FOR CRIMES AGAINST MUGGLES.

MOTHER AND SISTER, KENDRA AND ARIANA DECEASED IN UNKNOWN CIRCUMSTANCES.

DURING ALBUS DUMBLEDORE'S TEENAGE YEARS HE IS KNOWN TO HAVE MET AND BEFRIENDED THE DARK WIZARD GELLERT GRINDELWALD.

REASON FOR INVESTIGATION: TICK ALL APPROPRIATE OPTIONS

( ) KNOWN ILLEGAL ACTIVITIES ( ) INFORMANT

(X) SUSPECTED ILLEGAL ACTIVITIES

(X) OTHER KNOWN AFFILIATION WITH DARK WIZARD

SECURITY STATUS

CURRENTLY UNDER INVESTIGATION.

4 - SECTION 190871/D

in dolomrci, at commodo mauris. Sed viverra tempus laoreet. Nam tempor pretium metus id tempus. Proin eleifend felis lorem, eget posuere diam. Praesentp oncus vulput ate. Praesent sit amet neque leo, ac bibendum ligula. Pellentesque vitae eros tellus. Ut et libero nisl. Integer iaculis euismod sem, et adipi molestie ut. Nuncultricies sem eu massa rhoncus accumsan. Curabitur sed scelerisque justo. Sed nulla ligula, pretium vitae tincidunt a, comm modo quis sem. e habitant morbi tristique senectus et netus et malesuada fames ac turpis egestas. Proin ullamcorper rhoncus nisl vitae dictum. Aenean et pellen tesque s id posuere turpis. Curabitur sed velit nec sapien malesuada eleifend. Phasellus sollicitudin magna quis quam mattis vel porttitor mi adipiscing. Nulla fa sto tellus, ultrices eu dictum non, rutrum nec lacus. Aenean viverra fermentum mi, non bibendum libero laoreet vel. Mauris nulla lectus, porta vitae ornar e placerat odio. Vivamus quis tellus arcu, at malesuada risus. Nulla mauris leo, pulvinar sed auctor id, tempor nec turpis. Phasellus fringilla tinci duntla

MINISTRY AUTHORIZATION CODE 2 3 7 7 2

* ALL INFORMATION IN THIS CASE FILE IS STRICTLY CONFIDENTIAL, AND MUST NOT BE DISCUSSED OUTSIDE OF INVESTIGATORIAL TEAM.

SIGNATURE OF SUPERIOR OFFICER ... DATE ...

454623

PRINTED IN ENGLAND BY THE MINISTRY OF MAGIC PRESS

DUMBLEDORE

Kiitos.

TARJOILIJA

Saisiko olla jotain muuta?

DUMBLEDORE

Ei. Ei ihan vielä – minä odotan.

(kulmien kurtistus)

Odotan seuraa.

Tarjoilija nyökkää ja kääntyy pois. Dumbledore katsoo hänen menoaan, nojaa sitten päätään taakse, sulkee silmänsä. PIDÄMME kuvan hänessä näin, kasvot levossa, kauan, kuulemme mitä hän kuulee: PUHEENSORINAA, astioiden KILINÄÄ, tuskin erottuvan äänen, kun KAHVILAN OVI AVAUTUU jonkun astuessa ulos tai sisään ja – lyhyen hetken – siitä johtuvia kadun, ulkomaailman ääniä, jotka valtaavat kahvilan, kunnes... Dumbledoren kasvoille lankeaa VARJO.

Dumbledore avaa silmänsä, tarkastelee pöydän vieressä seisovaa miestä: GRINDELWALD.

GRINDELWALD

Mahtaako tämä olla kantapaikkojasi?

DUMBLEDORE

Minulla ei ole kantapaikkoja.

Grindelwald tutkailee häntä hetken, istuu sitten vastapäiseen tuoliin.

GRINDELWALD

Näytä sitä.

Dumbledore tuijottaa häntä, siirtää sitten hitaasti kätensä näkyville ja paljastaa: VERIVALA. Kun hän pitelee sitä, sen ketju luikertaa verkalleen hänen sormiensa väleissä kuin olisi elävä.

GRINDELWALD (JATK.)

Joskus kuvittelen tuntevani sen yhä kaulassani, kannoin sitä niin monta vuotta. Miltä se tuntuu sinulla?

DUMBLEDORE

Voimme vapauttaa toisemme siitä.

Grindelwald sivuuttaa tämän, vilkuilee ympärilleen.

GRINDELWALD

Tykkäävät rupatella nämä jästiystävämme. Pakko kuitenkin myöntää: He laittavat hyvää teetä.

DUMBLEDORE

Aikomuksesi ovat hulluutta –

GRINDELWALD

Ne olivat meidän aikomuksiamme.

DUMBLEDORE

Minä olin nuori. Olin –

GRINDELWALD

– sitoutunut. Minuun. Meihin.

DUMLEDORE

Ei. Lähdin mukaan, koska –

GRINDELWALD

Koska?

DUMBLEDORE

Koska olin rakastunut sinuun.

He tuijottavat toisiaan silmiin, sitten Dumbledore kääntää katseensa taas pois.

GRINDELWALD

Niin. Mutta et lähtenyt mukaan sen takia.
Sanoit itse, että voimme muovata maailman
uusiksi, että se on syntymäoikeutemme.

Grindelwald nojautuu taakse, silmät kapeina. HENGITTÄÄ SISÄÄN.

GRINDELWALD (JATK.)
Haistatko sen? Löyhkän? Aiotko todella kääntää selän itsesi kaltaisille näiden elukoiden tähden?

Dumbledoren katse siirtyy, hän kohtaa Grindelwaldin teräksenlujan tuijotuksen.

GRINDELWALD (JATK.)
Olitpa mukana tai et, minä poltan heidän maailmansa poroksi, Albus.
Et voi mitenkään estää minua. Hyvää teehetkeä.

Kun Grindelwald poistuu, MATALA JYLINÄ alkaa. Dumbledore tuijottaa teekuppiaan, näkee miten se hiukan TÄRISEE pöydän kovalla pinnalla. Nesteen VÄRISTESSÄ hän näyttää unohtuvan siihen.

Näemme liekkejä, pidämme niissä jonkin aikaa, kunnes...

5 INT. DUMBLEDOREN HUONE – TYLYPAHKA – AAMU

Tapaamme Dumbledoren seisomassa ikkunan ääressä, silmät kiinni. Kun hiljalleen tarkennamme häneen, hän avaa silmänsä, ja olemme taas nykyhetkessä.

Hän pitelee verivalaa, ketju on kiertynyt hänen ranteensa ympäri.

Kun Dumbledore ja Grindelwald olivat teiniiässä, he keksivät suunnitelman, jolla valtaisivat velhomaailman ja muutakin, suunnitelman, jota Grindelwald yrittää nyt toteuttaa. Mutta Dumbledore on muuttunut mies. Hän ymmärtää taannoiset virheensä ja pyrkii parhaansa mukaan korjaamaan ne. Minusta ajatus on väkevä: Olemme kaikki tehneet virheitä, ja olimmepa keitä tahansa, meidän on myönnettävä virheemme, opittava niistä ja siirryttävä eteenpäin.

– DAVID HEYMAN

(tuottaja)

6 EXT. JÄRVI – TIANZIVUORET – SAMA AIKA – YÖ

Avara, kaunis maisema. Matalan kuun valossa kalkkikivipilarit kohoavat majesteettisesti vedestä VUOREN varjossa – Enkelinsilmä.

LISKO meloo järven poikki.

7 EXT. TIANZIVUORET – HETKEN PÄÄSTÄ – YÖ

Jalat astuvat varovaisesti rantaan, jättävät keikkuvan lautan, ja paljastuu: LISKO SCAMANDER.

Järvi ja sivujoet jäävät taakse, kun hän alkaa nousta rinnettä bambumetsän halki.

Kaukaa kuuluva eläimen huuto kaikuu mielikuvia herättävästi koko näkymän yli. Lisko kuuntelee hetken. PIKETTI Liskon hartialla kuuntelee sekin.

LISKO

(kuiskaa)

Se on valmis.

LISKO SCAMANDER, PUVUSTUSSUUNNITELMA

SAAMME viimein nähdä Liskon siellä, missä hän on parhaimmillaan ja onnellisimmillaan, eli luonnossa jäljittämässä otuksia. Ja tällä kerralla on kyse erittäin kauniista ja erikoislaatuisesta qilin-nimisestä otuksesta, jolla on myyttinen asema velhomaailmassa. Olen aina rakastanut Liskossa sitä, miten hänen fyysinen olemuksensa ja lievä sosiaalinen kömpelyytensä tuntuu olevan tavallaan eri maata kuin etevyys ja vaivattomuus, jolla hän toimii luonnossa. Riemastuin siis heti, kun näin käsikirjoituksen ja tämän melkein Indiana Jones -tyyppisen hetken elokuvan alussa, koska tässä Lisko on rennoimmillaan.

– EDDIE REDMAYNE

(Lisko Scamander)

8 EXT. ONKALO – TIANZIVUORET – HETKEN PÄÄSTÄ – YÖ

Lisko liikkuu nopeasti, mutta varovaisesti kohti suuren luolan suuaukkoa. Kun hän tulee lähemmäs, jokin liikkuu sisällä, puoliksi varjon peitossa.

9 EXT. ONKALO – TIANZIVUORET – HETKEN PÄÄSTÄ – YÖ

Lisko kurkottaa lempeästi silittämään eläimen selkää tämän kierähtäessä vähän, ja me näemme, että eläin on QILIN: osin lohikäärme, osin hevonen, vahva mutta samalla suloinen. Se hengittää nopeasti, sen iho täplii ja nykii, sen nahkaan on tarttunut hyönteisiä, viidakon kasvustoa ja pölyä.

Se huutaa taas.

KULTAINEN VALO alkaa levitä maahan sen alle. Lisko hymyilee lumoutuneena. Emon alta kiemurtelee hitaasti esiin QILININPENTU, kaunis ja hauras, sen silmät räpyttävät häikäistyneinä. Se NUUHKII uteliaasti, MÄÄKII hiljaa, sen pikkuinen ruumis sykkii KULTAISTA VALOA, valaisee hetkeksi Liskon ja Piketin naamat, kun he katselevat sitä ylhäältäpäin.

Lisko astuu taaksepäin, katselee kun emoqilin nuolee vastasyntyneen puhtaaksi sen hytistessä ja hoipperehtiessa ympäriinsä.

QILININPENTU, LUONNOS

LISKO

(seurattuaan Piketin katsetta)

Kaunis.

(tauko)

No niin, te kaksi. Nyt se hankala osuus.

Lisko kurkottaa alas laukkuunsa, avaa sen hellästi. Näemme kannen sisäpintaan kiinnitetyn TINAN kuvan.

Tiheän pöheikön läpi lähestyy hahmoja taikasauvat sojossa...

...AKOLYYTIT ROSIER ja CARROW lähestyvät, ahnaat katseet qilininpennussa.

Yhdessä SUHAUKSESSA Rosier ja Carrow kohottavat taikasauvansa, laukovat LOITSUJA, lävistävät emoqilinin nahkan. Otus huojuu kuin humalassa, MYLVII yöhön, ja sitten – jalkojen petettyä – se lyyhistyy.

HYÖKKÄYKSESSÄ:

Lisko vastaa puolustusloitsulla, josta kehkeytyy kilpi, mutta myöhässä.

Vilkaisu taakse, missä TUMMA HAHMO tulee esiin muiden akolyyttien välistä: VALIO, joka näyttää vanhemmalta, itsevarmemmalta, repäistessään taikasauvallaan Liskon kilven rikki.

VERRATTUNA Harry Potteriin tai moneen muuhun velhomaailman sankariin Liskoa ei ole kirjoitettu velhoista suurimmaksi tai vahvimmaksi, vaan hänellä on oma ainutlaatuinen taikainen kykynsä. Niinpä tässä taistelussa Lisko selkeiden kaksintaisteluloitsujen sijaan käyttää luonnonmukaisempia keinoja, kuten paiskoo puiden lehtiä myrskypyörteinä tai nostaa kilpiä. Hänen taikuutensa ei ehkä ole kaikkein näyttävintä, mutta se tuntuu luonteenomaiselta hänelle.

– EDDIE REDMAYNE

(Lisko Scamander)

Lisko osoittaa taikasauvalla laukkuaan.

LISKO (JATK.)

Tulejo!

Laukku lentää hänen käteensä.

Valio murtautuu kilven läpi samalla kun Lisko heittäytyy onkalon reunan yli, pudottautuu petollista rinnettä alas, hyppii, kompuroi ja kompastelee pöheikössä.

Loitsu LÄJÄHTÄÄ takaa, BAMBUT pirstoutuvat hänen ympärillään, taika HEITTÄÄ laukun hänen käsistään.

Edessäpäin näemme qilininpennun seisomassa pöheikössä peloissaan ja haavoittuvana.

Lisko lisää vauhtia, KATSOO JA NÄKEE...

...jalkojen putkahtavan LAUKUSTA, kun laukku hyppii ja pomppii alamäkeen, ohjautuu takaisin kohti häntä.

Carrow syöksyy Liskoa kohti, kädet ojossa qilininpentua varten. Lisko iskee vastaan, lennättää hänet taaksepäin.

LÄJÄYS! Taas yksi LOITSU ujeltaa Liskon pään yli juuri kun hän kumartuu ja kietoo kätensä qilininpennun ympärille, kahmaisee tämän syliinsä, ja siinä samassa taas yksi loitsu OSUU HÄNEEN ja heittää hänet KORKEALTA ALAS.

ALHAALTA: Liskon ruumis syöksyy syvälle pyörteilevään veteen.

Vaahtoavaan pintaan pulpahtaa Piketin pää, se ui rannan suuntaisesti, on HUOLISSAAN nähdessään Liskon tajuttoman ruumiin ajelehtivan ja pysähtyvän vastapäiseen rantaan.

LAAJAKUVA...

...joka paljastaa, että olemme Enkelinsilmästä ryöppyävien upeiden vesiputousten juurella.

Lisko makaa hetken unenomaisessa tilassa, räpyttelee silmiään taivaaseen päin. Lopulta hän nostaa päätään.

LISKON NÄKÖKULMA

...ZABINI pitelee säkkiä sillä välin kun Rosier kumartuu poimimaan qilininpennun ja sulloo sen kovakouraisesti säkkiin. HUUSH! Siinä samassa he ovat poissa.

Lisko kampeaa pystyyn.

LEIKKAUS:

...Lisko kompuroi nyt takaisin onkaloa kohti, laukku toisessa kainalossa. Hän saavuttaa onkalon reunan. Emoqilin makaa varjossa, liikkumattomana. Lisko rojahtaa qilinin liikkumatonta ruumista vasten. Hän rintakehänsä kohoilee kivuliaasti.

LISKO (JATK.)

Olen todella pahoillani.

Lisko katsoo silmät sirrissä ylöspäin, tarkastelee tyhjää taivasta. Hänen luomensa alkavat painaa... uni kutsuu... hänen rintakehänsä kohoilee tasaisemmin... kun:

Hänen kasvoilleen LEVIÄÄ PEHMEÄ valo.

Hänen silmänsä avautuvat räpytellen. Maa hänen allaan HEHKUU.

Hän kääntyy, tutkii emoqiliniä, näkee miten nahka sen silmän ympärillä NYTKII ja...

...PEHMEÄ MÄÄKÄISY rikkoo hiljaisuuden. Kun VALO Liskon takana HEHKUU KIRKKAAMPANA, hän kääntyy ja näkee, miten...

...TOINEN QILININPENTU kiemurtelee esille. Kun se irtautuu vapaaksi, se tähyilee epävarmasti ympärilleen, kohtaa sitten Liskon katseen. Lisko hymyilee ennen kuin qilin kompuroi hänen syliinsä. Hän kääntyy taas emoon päin... sitten pysähtyy.

LISKO (JATK.)

Kaksoset. Sinä sait kaksoset...

Liskon katsellessa KYYNEL valuu emoqilinin silmästä, sen PUPILLI LAAJENEE. Liskon ilme valahtaa. Hän kierähtää emon elotonta ruumista vasten.

Piketti työntää hitaasti päänsä esiin Liskon taskusta, tuijottaa ihmeissään qilininpentua.

Lisko nyökkää laukun suuntaan ja Piketti hyppii sen luo, seisahtuu sen toisen soljen viereen, katsoo taas Liskoon saadakseen ohjeita.

Halaten yhä qiliniä Lisko avaa toisen soljen samalla kun Piketti napsauttaa toisen auki.

TEDDY työntää päänsä ulos, näkee Liskon ja siirtää sitten katseensa qilininpentuun.

Syvältä sisältä, laukun uumenista, seuraamme TRAAKIN pitkiä koipia, kun se nousee ylöspäin taivasta kohti, ohittaa TINA GOLDSTEININ kuvan, joka on kiinnitetty kannen sisäpintaan, ja sitten Teddyn ennen kuin ilmestyy YLÖS JA ULOS laukusta, Enkelinsilmään itsensä.

Traakin ruumis alkaa laajeta taikaisesti ja kauniisti silmiemme edessä. Lisko kiskoo voimiensa viimeisillä rippeillä qilinin lähemmäs, vetää sen takkinsa laskoksiin. Se hytisee ja määkii hiljaa Liskon sylissä.

Traakin pyrstö kietoutuu Liskon ympärille, ja se nostaa hänet ja qilininpennun hellästi ilmaan.

Traakki nousee korkealle taivaalle, sen mahtavan majesteettiset siivet laajenevat sulavasti, kun se kantaa Liskon ja qilininpennun valtavien vesiputousten yli kohti horisonttia, joka kimmeltää heikosti aamun ensimmäisissä valonsäteissä.

NIMI TULEE NÄKYVIIN:

DUMBLEDOREN SALAISUUDET

10 EXT. LINNAN SISÄÄNKÄYNTI/LINNANPIHA – NURMENGARD – AAMU

KAMERA-AJO: näemme miten GRINDELWALD poistuu linnasta akolyyttien ilmiintyessä linnanpihan kaukaisimpaan laitaan.

Valio erkanee muista.

Grindelwaldin katse on kiinnittynyt säkkiin Valion kädessä. Rosier häilyy – ääneti, valppaana. Grindelwald astuu eteenpäin.

GRINDELWALD

Jättäkää meidät.

NURMENGARD,
KUVAUSPAIKKAMALLINNUS

Akolyytit vetäytyvät sanaakaan sanomatta. Yksi tai kaksi vilkaisee taakseen, tiedostaa Valion olevan nyt suosikki. Jäätyään yksin Valion kanssa Grindelwald nyökkää säkkiin päin.

GRINDELWALD (JATK.)

Näytä.

Grindelwald ottaa qilinin ja tähyää syvälle sen kosteisiin silmiin. Sen värisevästä nenästä tihkuu LIMAA.

VALIO

Toiset. He sanoivat sitä erityiseksi.

GRINDELWALD

Voi, se on enemmän kuin erityinen. Katso, katso sen silmiä. Nuo silmät näkevät kaiken. Kun qilin syntyy, oikeamielinen johtaja nousee ja muuttaa maailmamme ikuisiksi ajoiksi. Sen syntymä tuo muutoksen kaikkeen, Valio.

Valio silmäilee kysyvästi qiliniä.

GRINDELWALD (JATK.)

Pärjäsit hyvin.

Grindelwald painaa kätensä Valion poskelle. Valio peittää Grindelwaldin käden omallaan, epävarmasti, ikään kuin niin intiimi kosketus olisi hänelle outo asia.

GRINDELWALD (JATK.)
Mene. Lepää.

11 INT. OLOHUONE – SAMA AIKA – AAMU

QUEENIE katselee, kun Valio katoaa näkyvistä, siirtää sitten huomionsa Grindelwaldiin, joka laskee qilinin hellästi laattakiville ja silmäilee sitä ilmiselvän lumoutuneena.

Hän kurkottaa nostamaan sen hellästi seisomaan, auttaa sen pysymään pystyssä, sitten asettuu itse sen eteen. Hetkeen ei tapahdu mitään. Sitten qilinin pää nousee hitaasti, sen uupunut katse kohtaa Grindelwaldin odottavan katseen. Sitten...

...katse kääntyy poispäin. Grindelwaldin ilme kovenee. Hän nostaa qilinin syliinsä. Hän työntää kätensä taskuun, jokin KIMMELTÄÄ hetken, kun hän vetää kätensä esiin. Grindelwaldin käsi kohoaa ja...

...verta roiskahtaa laattakiville, kimmeltävä terä Grindelwaldin kädessä valuu punaista. Queenie henkäisee – melkein kuulumattomasti.

NÄKY ilmestyy verilammikkoon: KAKSI HAHMOA, ylhäältä nähtyinä, KÄVELEVÄT lumessa.

LEIKKAUS:

TYLYAHO, KUVAUSPAIKKAMALLINNUS

12 EXT. TYLYAHO – PÄIVÄ

Lisko ja THESEUS tarpovat lumessa, ohittavat GRINDELWALDIA kuvaavia NUHJUISIA JULISTEITA – OLETKO NÄHNYT TÄMÄN VELHON?

THESEUS

Et varmaankaan halua kertoa minulle mistä tässä on kyse?

LISKO

Hän vain pyysi että tapaamme. Ja varmisti että tuon sinut mukanani.

THESEUS

Selvä.

Theseus tutkailee Liskoa, kun he kävelevät eteenpäin TYLYAHOSSA.

13 INT. SIANPÄÄ – HETKEN PÄÄSTÄ – PÄIVÄ

Parrakas isäntä (ABERFORTH DUMBLEDORE) pyyhkii likaisella rätillä PEILIÄ baaritiskin takana, siirtää epäluuloista katsettaan, kun Lisko ja Theseus, HEIJASTUMANA peilissä, astuvat sisään. Kun he silmäilevät rähjäistä ympäristöään, hän jatkaa siivoamista.

ABERFORTH

Tulitte varmaankin tapaamaan veljeäni?

Lisko astuu eteenpäin.

LISKO

Tulimme tapaamaan Albus Dumbledorea.

Aberforth silmäilee heitä vielä kerran peilin kautta, sitten kääntyy.

ABERFORTH

Tarkoitatte siis veljeäni.

LISKO

Ai. Anteeksi, öm… hienoa. Minä olen Lisko Scamander ja tämä tässä –

Kun Lisko ojentaa laastaroitua kättään, Aberforth kääntyy poispäin.

ABERFORTH

Portaat ylös. Ensimmäinen vasemmalla.

Lisko seisoo vielä hetken käsi ojennettuna, sitten nyökkää ja kääntyy takaisin Theseukseen päin, joka kohottaa kulmiaan.

SIANPÄÄ, KUVAUSPAIKKAMALLINNUS

14 INT. YLÄKERRAN HUONE – SIANPÄÄ – YHTÄJAKSOINEN – PÄIVÄ

DUMBLEDORE

Onko Lisko kertonut miksi olet täällä?

THESEUS

Pitikö hänen?

Dumbledore silmäilee Theseusta, havaitsee hieman uhmaa tämän äänensävyssä.

DUMBLEDORE

Ei itse asiassa.

Theseuksen katse siirtyy Liskoon, jonka on vaikea katsoa silmiin.

LISKO

On yksi asia, josta me – josta Dumbledore – tahtoo puhua kanssasi. Ehdotus.

Theseus tarkastelee veljeään, sitten Dumbledorea.

THESEUS

Hyvä on.

Dumbledore, käveltyään huoneen poikki, ottaa pöydältä VERIVALAN ja riiputtaa sitä tulen kajossa.

DUMBLEDORE on aina ollut arvoitus. Hänessä on kipinää, eräänlaista leikkisyyttä samalla kun hän pelaa naurettavan korkein panoksin. Mutta Dumbledoren ja Liskon välillä on myös jonkinlainen isän ja pojan, mestarin ja oppipojan välinen yhteys. Aikaisemmissa elokuvissa Dumbledore on tavallaan lähettänyt Liskon tekemään likaiset työt puolestaan. Tässä elokuvassa hän alkaa päästää Liskoa lähemmäs.

– EDDIE REDMAYNE

(Lisko Scamander)

DUMBLEDORE

Sinähän tiedät, mikä tämä on.

THESEUS

Liskolla oli se Pariisissa. En voi väittää, että minulla olisi paljon kokemusta tuollaisista, mutta verivalalta vaikuttaa.

DUMBLEDORE

Vastaus on oikein.

THESEUS

Entä keiden verta se sisältää?

DUMBLEDORE

Minun.

(tauko)

Ja Grindelwaldin.

THESEUS

Oletan että sen vuoksi et voi nousta häntä vastaan?

DUMBLEDORE

Niin. Eikä hän minua vastaan.

Theseus nyökkää, silmäilee valaa, katselee miten veripisarat kiertävät toisiaan kuin kellon punnukset.

THESEUS

Saanko kysyä mikä sai sinut tekemään tuollaisen?

DUMBLEDORE

Rakkaus. Ylimielisyys. Naiivius. Valitse vapaasti. Olimme nuoria. Aioimme muuttaa maailman. Tämä varmisti, että tekisimme sen. Vaikka toisen mieli muuttuisi.

THESEUS

Entä mitä tapahtuisi, jos taistelisit häntä vastaan?

Lisko silmäilee Dumbledorea odottavasti, mutta Dumbledore pysyy vaiti, tuijottaa valaa.

DUMBLEDORE

Se on oikeastaan aika kaunis, täytyy myöntää. Jos edes *ajattelisin uhmata sitä...*

Verivala välähtää punaisena ja lennähtää vapaaksi, kimpoaa seinästä ja jatkaa lattialle. Kun Dumbledore vetää taikasauvansa esiin, tähtää, valan ketju, joka on yhä lieassa hänen käsivarressaan, puristuu, pureutuu syvälle lihaan.

AIKA on mielenkiintoista Dumbledoren elämässä: Mies, jota me kaikki opimme rakastamaan Harry Potter -elokuvissa, ei ole vielä täysin muotoutunut, ja me näemme Albuksen käyvän läpi isoja tunteellisia ja elämää muuttavia päätöksiä ja tilanteita, ja kaikki ne tekevät hänestä myöhempien vuosien rakastetun, viisaan rehtori Albus Dumbledoren. Me siis näemme hänen kohtaavan menneisyytensä, kohtaavan vanhoja ystäviään, vanhoja vihollisiaan, ja myös kohtaavan itsensä.

– JUDE LAW

(Albus Dumbledore)

Liskon ja Theseuksen katsoessa Dumbledore alkaa lähestyä valaa, joka murskaa nyt seinää, ja outo hymy leviää hänen kasvoilleen aivan kuin hän olisi sen lumoissa.

DUMBLEDORE (JATK.)

Se tietää nimittäin...

Dumbledore tuijottaa lamautuneena. Ketju saa hänen käsiensä verisuonet turpoamaan, paisumaan hirveästi. Hän irvistää ja sauva kirpoaa hänen käsistään.

DUMBLEDORE (JATK.)

Se aistii petoksen sydämessäni...

Liskon katse siirtyy VERIPISAROIHIN, jotka kiertävät nyt toisiaan entistä kiihkeämmin valan sisässä.

Dumbledore tuijottaa edelleen valaa sen täristessä entistä rajummin lattialla ja ketjun luikerrellessa hitaasti ylös hänen kaulaansa, kiertyessä sen ympärille...

LISKO

Albus...

...kiristyessä, kiristyessä yhä...

LISKO (JATK.)

Albus...

...silmien kääntyessä katsomaan sisäänpäin...

LISKO (JATK.)

Albus!

Verivala putoaa lattialle ja lennähtää Dumbledoren käteen, ketju luikertelee pois kaulasta ja kiinnittyy takaisin valaan, isäntäänsä. Vähitellen ketju höllenee ja Dumbledoren rintakehä kohoaa, ikään kuin hän vasta nyt muistaisi hengittää. Hän avaa nyrkkinsä. Vala tärisee hetken hänen kämmenellään ja asettuu sitten.

DUMBLEDORE

Tuollaista vähintään. Nuoren miehen taikuutta, mutta kuten näette, voimallista taikuutta. Sitä ei voi kumota.

THESEUS

Se ehdotus siis. Oletan että qilin liittyy siihen jollakin lailla?

Dumbledoren katse siirtyy Liskoon.

LISKO

Hän lupaa, ettei kerro kenellekään.

Dumbledore kääntyy takaisin Theseukseen päin, vastaa tämän kysymykseen.

DUMBLEDORE

Jos aiomme peitota hänet, qilin on vain osa suunnitelmaa. Koko tuntemamme maailma on vaarassa hajota. Gellert repii sen rikki vihalla, kiihkoilulla. Asiat, jotka tuntuvat nyt mahdottomilta, näyttävät pian väistämättömiltä, jos emme pysäytä häntä. Jos suostut tekemään, mitä pyydän, sinun on luotettava minuun. Silloinkin kun vaistosi neuvoo toisin.

Theseus silmäilee Liskoa. Lopulta hän kohtaa taas Dumbledoren katseen.

THESEUS

Anna kuulua.

15 **INT. VALION HUONE – NURMENGARD – PÄIVÄ**

Valion kasvot tulevat kuvaan. Hän kohtaa oman katseensa lasissa, kohottaa sitten kätensä. Hänen katsellessaan kärpänen liikkuu hänen käsivarrellaan. Hän katselee, lamautuneena, sitten siirtää katseensa.

Queenie seisoo oviaukossa.

VALIO

Lähettääkö hän sinut? Vakoilemaan minua?

QUEENIE GOLDSTEIN, PUVUSTUSSUUNNITELMA

QUEENIE

Ei. Mutta hän kyselee. Mitä ajattelet. Mitä tunnet.

VALIO

Entä muut? Kysyykö hän, mitä he ajattelevat ja tuntevat?

QUEENIE

Kysyy. Mutta enimmäkseen sinusta.

VALIO

Entä kerrotko sinä hänelle?

Queenie alkaa vastata, sitten epäröi. Valio kääntyy, katsoo ensimmäisen kerran suoraan Queenieen.

VALIO (JATK.)

Kerrot?

Valio hymyilee, mutta hymyssä on jotain hermostuttavaa.

VALIO (JATK.)

Kuka nyt lukee kenen ajatuksia?

(hymy haihtuu)

Kerro mitä näet.

Queenie silmäilee häntä, sitten:

QUEENIE

Sinä olet Dumbledore. Se on merkittävä suku – sinä tiedät sen, koska hän on kertonut sen sinulle. Hän on kertonut myös, että he hylkäsivät sinut, että olit säädytön salaisuus. Hän sanoo, että Dumbledore hylkäsi myös hänet ja että hän tietää, miltä sinusta tuntuu. Ja sen takia... sen takia hän on pyytänyt sinua tappamaan Dumbledoren.

Valion hymy on hyytynyt.

VALIO

Haluan että lähdet nyt, Queenie.

Queenie nyökkää, alkaa lähteä, sitten pysähtyy ovella.

QUEENIE

Minä en. Kerro hänelle. En aina. En kaikkea.

Hän poistuu, sulkee oven ääneti. Valio seisoo hetken liikkumatta, sitten hänen katseensa osuu peiliin. Hitaasti, kuin näkymättömän käden piirtäminä, peilin PINTAAN alkaa ILMAANTUA KIRJAIMIA.

...ANNA ANTEEKSI...

Valio ei vaikuta yllättyneeltä. Hän astuu eteenpäin, kohottaa oman kätensä... ja pyyhkii peilin puhtaaksi.

16 **EXT. KOWALSKIN LEIPOMO – LOWER EAST SIDE – ENNEN AAMUNKOITTOA**

Kolhiintunut metallinen turvakaihdin nousee RÄMISTEN, paljastaa surullisen ja yksinäisen näköisen JACOB KOWALSKIN, joka seisoo ulkona kylmässä. Hän tuijottaa synkkänä sisäänpäin.

17 **INT. KOWALSKIN LEIPOMO – YHTÄJAKSOINEN – ENNEN AAMUNKOITTOA**

Uunin ovi aukeaa ja paljastaa Jacobin, joka tarkistaa että uunissa palaa yhä tuli.

Hän nappaa JOUHIHARJAN ja astuttuaan näyteikkunan luo alkaa harjata edellisen päivän murusia ja hätistää silloin tällöin TORAKAN.

18 **INT. TAKAHUONE – KOWALSKIN LEIPOMO – HETKEN PÄÄSTÄ – ENNEN AAMUNKOITTOA**

LÄHIKUVA – HÄÄKAKKU

Tasainen valkoinen kuorrutus. ALTTARI kehrätystä sokerista. Kaksi PIENTÄ KORISTEHAHMOA: MORSIAN, valmiina alttarin edessä. SULHANEN, makaa naamallaan kuorrutteessa.

Jacob poimii varovaisesti sulhasen, kun – PRINNNG! – kaupan KELLO soi. Hän laskee sulhasen takaisin kuorrutuksen päälle.

19 **INT. KOWALSKIN LEIPOMO – HETKEN PÄÄSTÄ – ENNEN AAMUNKOITTOA**

Jacob tulee esiin, esiliina olallaan, pysähtyy äkisti.

JACOB

Hei, liike on kiinni –

NAINEN tähyilee kauinta leivonnaisvitriiniä.

JACOB (JATK.)

Queenie.

Nainen kääntyy, säteilee. Queenie.

QUEENIE

Hei, muru.

Jacob lähestyy.

QUEENIE (JATK.)

Kulta, voi sinun leipomoasi, kuin aavekaupunki.

JACOB

Joo, niin, olen... olen... ikävöinyt sinua.

JACOB KOWALSKI, PUVUSTUSSUUNNITELMA

KOWALSKI K BAKERY

WE MAKE

BREAD, PASTRIES, CAKES

AND

FANCY CONFECTIONS.

PIERNIK ~ PACZKIS

FAWORKI AKA ~ CHRUST

FROM 2¢ EACH, OR 4 FOR 6¢.

BABKA ~ MAKOWIEC

SERNIK ~ BY THE SLICE.

BREADS FROM 5¢ A LOAF.

INCLUDING

OBWARZANEK KRAKOWSK

CHALLAH ~ ANGIELKA

AND

SLĄSK BREADS.

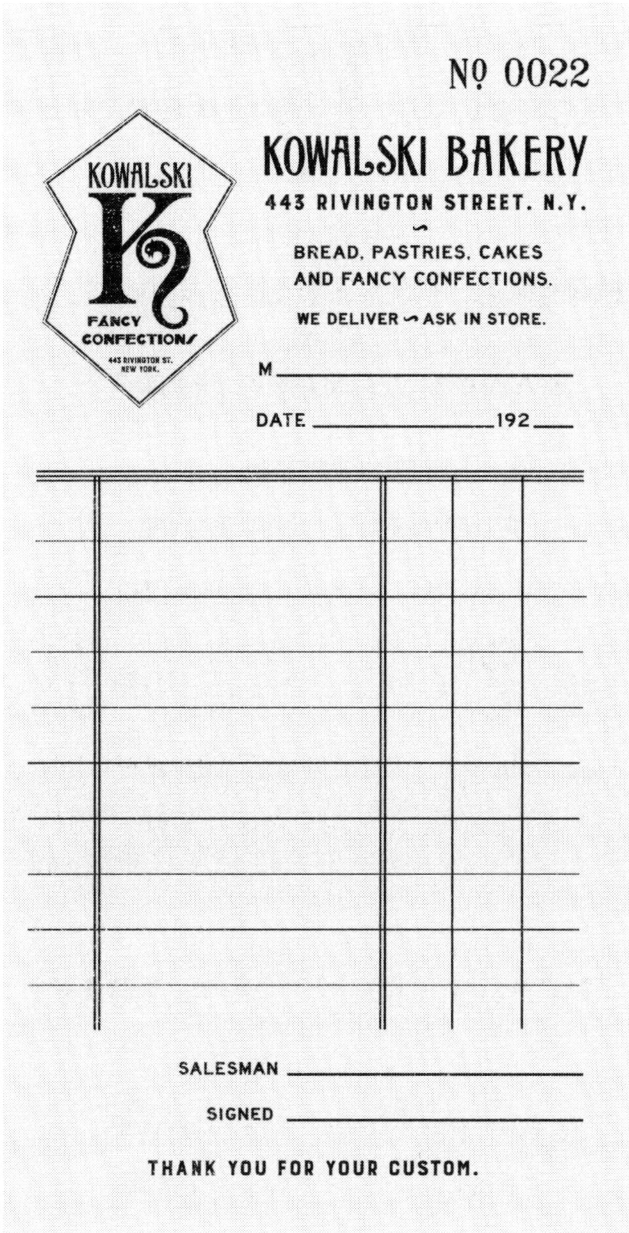

Nº 0022

KOWALSKI

FANCY CONFECTIONS

443 RIVINGTON ST. NEW YORK.

KOWALSKI BAKERY

443 RIVINGTON STREET. N.Y.

BREAD, PASTRIES, CAKES
AND FANCY CONFECTIONS.

WE DELIVER – ASK IN STORE.

M ______________________________

DATE ________________ 192 ___

SALESMAN ______________________________

SIGNED ______________________________

THANK YOU FOR YOUR CUSTOM.

(yllä) KOWALSKIN LEIPOMON KUITTIVIHKO

(vieressä) KOWALSKIN LEIPOMON HINNASTO

Kyynelet kihoavat Jacobin silmiin.

QUEENIE
Voi pulu. Tule tänne... Tule tänne.

Queenie syleilee Jacobia. Jacob sulkee silmänsä.

QUEENIE (JATK.)
Kaikki kääntyy hyvin päin. Kaikki kääntyy oikein hienosti...

UUSI KUVAKULMA – JACOB HALAA ITSEÄÄN TYHJÄSSÄ KAUPASSA

Hän avaa silmänsä. Katsoo tyhjää syliään. Huokaisee. Hän näkee likaisen näyteikkunan läpi ujon oloisen nuoren naisen (LALLY LANDE), joka istuu bussipysäkin penkillä kadun toisella puolella.

20 EXT. BUSSIPYSÄKKI – LOWER EAST SIDE – YHTÄJAKSOINEN – ENNEN AAMUNKOITTOA

Lally alkaa lukea. Lähistöllä näemme KOLME TYÖMIESTÄ, jotka lähestyvät.

Yksi miehistä erkanee muista.

TYÖMIES 1

Hei, kultaseni. Mikä tuo sinut keskustaan?

Lally lukee edelleen kirjaansa

LALLY

Toivon tosiaan, ettet tuhlannut koko päivää tuon miettimiseen.

Mies häkeltyy hieman Lallysta, joka on edelleen uppoutunut sylissään olevaan kirjaan.

TYÖMIES 1

Ai, haluatko pelottelua? Sitäkö sinä kaipaat?

Työmies odottaa, kun Lally tutkailee häntä vakavana. Lopulta:

LALLY

Tiedät mistä on kyse, et vain ole tarpeeksi uhkaava.

TYÖMIES 1

Olen kyllä tosi uhkaava. Enkö ole uhkaava?

Hän kääntyy katsomaan kahta kaveriaan, jotka vaikuttavat epävarmoilta.

LALLY

Ehkä jos huitoisit käsilläsi. Tiedäthän, niin kuin hullu. Silloin vaikuttaisit uhkaavammalta.

Kun mies alkaa elehtiä hurjasti, Lally nojaa vähän vasemmalle, tähyää kadun yli.

LALLY (JATK.)

Oikein hyvä, vähän lisää.

21 INT. KOWALSKIN LEIPOMO – YHTÄJAKSOINEN – ENNEN AAMUNKOITTOA

Jacob siristää silmiään, katselee kun Lallyn edessä häälyvä mies alkaa huitoa käsillään.

22 EXT BUSSIPYSÄKKI – LOWER EAST SIDE – YHTÄJAKSOINEN – ENNEN AAMUNKOITTOA

LALLY

Noin juuri. Jatka, jatka. Täydellistä. Kolme, kaksi, yksi... jatka vain, loistavaa

JACOB (O.S.)

Hei!

Jacob säntää leipomosta jauhopilvessä, PAUKUTTAA PAISTIN-PANNUA METALLILUSIKALLA harppoessaan kadun yli. Kolme työmiestä siirtyvät poispäin Lallysta, Jacobia kohti.

JACOB (JATK.)

Riittää jo. Häipykää täältä...

TYÖMIES 1

Mikä painaa mieltä, leipuripoika?

JACOB

Jessus. Saisitte hävetä.

Lally tarkkailee, kun kolme miestä lähestyvät Jacobia, ei irrota katsettaan heistä.

JACOB (JATK.)

Tiedätkö mitä, saat kumauttaa ensimmäisenä, anna tulla –

TYÖMIES 1

Varmastiko?

PAM!

Työmies 1 kaatuu. Jacob jähmettyy. Tovin kuluttua PAISTIN-PANNU putoaa kalisten maahan Jacobin kädestä.

Ensimmäinen työmies pyörähtää istualleen, hieroo niskaansa.

TYÖMIES 1

Ikinä en enää auta tuota naista... Lally!

Lally koskettaa sauvallaan surkeaa ohutta polkkatukkaansa ja - nopeasti perä perää - hänen kiiltävät hiuksensa valuvat esiin, silmälasit katoavat ja hänen homssuinen hameensa ja jäykkä kauluspaitansa muuntuvat tyylikkäästi istuviksi housuiksi ja pehmeästi laskeutuvaksi puseroksi.

LALLY

Hupsista, Frank. Joskus en muista omaa voimaani. Minä jatkan tästä. Kiitos!

TYÖMIES 3

Eipä kestä.

TYÖMIES 2

Nähdään taas, Lally...

LALLY

Heippa, Stanley, tulen pian pelaamaan Sotki-Dudleyta.

TYÖMIES 2

Sehän sopii.

LALLY

Hän on Stanley-serkkuni. Hän on velho.

Jacob poimii välittömästi paistinpannun ja alkaa perääntyä päätään pudistellen.

JACOB

Ei!

LALLY

Minä pyydän, on varhaista, älkää pakottako minua töihin.

JACOB

Sanoin että haluan lopettaa. Ja haluan lopettaa.

LALLY

Älkää nyt, herra Kowalski –

Jacob menee leipomoon.

JACOB

Terapeuttini sanoi, ettei teitä velhoja ole olemassa. Mitä rahanhaaskuuta!

Lally ilmaantuu taian voimasta seisomaan hänen eteensä sisälle leipomoon, kanelipullaa mutustellen.

LALLY

Kai te tiedätte, että olen noita?

JACOB

Joo. Kuulkaa. Vaikutatte oikein mukavalta noidalta, mutta ette tiedä, mitä olen saanut kokea teidänlaistenne kanssa – eli voisitteko ystävällisesti poistua elämästäni.

Jacob avaa oven ja viittilöi Lallya poistumaan. Kun Lally puhuu edelleen, hän poistuu itse leipomosta, paistinpannu yhä kädessään. Lally seuraa perässä.

LALLY

(yhtenä pitkänä virtana)

Vähän yli vuosi sitten toivoitte saavanne pienen bisneslainan, kävelitte Steenin Kansallispankin ovista sisään – kuuden kadunvälin päässä täältä – ja tutustuitte Lisko Scamanderiin, maailman johtavaan – joskin ainoaan – taikazoologiin, saitte tietää maailmasta, jonka olemassaoloa ette ennen aavistanutkaan, tapasitte erään Queenie Goldstein -nimisen noidan ja rakastuitte häneen, aivonne unhoitutettiin tyhjiksi, paitsi ettei loitsu tepsinyt, ja – siitä johtuen – tapasitte uudestaan neiti Goldsteinin, joka – sen jälkeen kun te kieltäydyitte naimasta häntä – päätti liittyä Gellert Grindenwaldiin ja hänen synkkiin seuraajiinsa, jotka ovat neljään vuosisataan suurin yksittäinen uhka sekä teidän että meidän maailmoillemme. Miten pärjäsin?

Jacob istahtaa ja vain tuijottaa.

JACOB

Joo. Oikein hyvin. Paitsi se osa, jossa Queenie liittyi pimeän puolelle. Tai siis joo, sekopäähän hän on, mutta hänen sydämensä on suurempi kuin koko tämä hullu saari ja hän on niin fiksu, että osaa oikeasti lukea ajatuksia, hän on mikäsesanaolikaan –

LALLY

Lukilitis.

JACOB

Joo...

Jacob huokaa, nousee ylös ja alkaa kävellä kohti leipomoa. Hetken päästä hän kääntyy Lallyyn päin.

JACOB

Kuulkaa. Näette tämän, tämän pannun.

(nostaa paistinpannun ylös)

Tämä olen minä. Minä olen tämä pannu. Olen yltä päältä kolhuilla. Kolmetoista tusinassa. Tavallinen pöljä. En tiedä mitä hulluja ideoita neidin päässä liikkuu, mutta olen hemmetin varma, että minua parempikin löytyy. Hyvästi.

Jacob kääntyy ja ontuu hitaasti poispäin kohti leipomon himmeitä valoja.

LALLY

Ei taida löytyä, herra Kowalski.

Jacob pysähtyy, mutta ei käänny.

LALLY (JATK.)

Olisitte voinut sukeltaa tiskin taakse, mutta ette sukeltanut. Olisitte voinut katsoa toisaalle, mutta ette katsonut. Olitte itse asiassa valmis vaarantamaan henkenne pelastaaksenne ventovieraan ihmisen. Minusta vaikuttaa siltä, että olette juuri sellainen tavallinen tallaaja, jota maailma tarvitsee juuri nyt. Ette vain itse tiedä sitä vielä – siksi minun täytyi näyttää se teille.

(tauko)

Me tarvitsemme teitä, herra Kowalski.

Jacob katsoo hääkakkua leipomossa ja tekee ratkaisunsa. Hän kääntyy Lallyyn päin.

JACOB

Hyvä on. Sano vain Jacob.

LALLY

Sano vain Lally.

JACOB

Lally. Minun täytyy lukita.

Lally heilauttaa sauvaansa. Ovi menee kiinni, valot sammuvat ja turvakaihtimet laskeutuvat leipomon eteen. Jacobin vaatteet muuttuvat.

JACOB (JATK.)

Kiitos.

LALLY

Paljon parempi, Jacob.

Lally päästää kirjan putoamaan kädestään ja se lepattaa kannet läpsyen hiljaa maahan, missä sen sivut alkavat selautua.

Kun Lally ojentaa kätensä, sivut selautuvat yhä nopeammin ja nopeammin, sitten räjähtävät sidoksesta ja leviävät ilmaan kuin perhoset kaleidoskoopissa.

LALLY (JATK.)

Sinä varmaankin tiedät, miten tämä toimii, Jacob.

Kun heidän kätensä koskevat toisiinsa, sivujen pyörremyrsky laskeutuu, nielaisee heidät ja - HUUSH! - he KATOAVAT. Tuossa tuokiossa sivut lepattavat takaisin kirjan sidokseen.

Ja siinä samassa... on jäljellä enää joitakin yksittäisiä sivuja, jotka leijuvat maahan.

23 EXT. SAKSAN MAASEUTU - PÄIVÄ

JUNA kulkee Brandenburgin maaseudun halki. Tarkennamme VAUNUUN, joka ILMESTYY junan viimeiseksi.

24 INT. TAIKAJUNANVAUNU - PÄIVÄ

YUSUF KAMA seisoo ikkunan ääressä katselemassa ohi kiitävää lumista maisemaa. Lisko ja Theseus istuvat ROIHUAVAN TULEN ääressä, Theseuksen kädessä on Päivän Profeetta. Näemme lehdestä:

VAALIERIKOINEN

Kumpi voittaa? Liu vai Santos?

Heti alapuolella kaksi VALOKUVAA esittävät EHDOKKAAT itsensä: LIU TAO ja VICÊNCIA SANTOS.

THE WIZARD WOLRD'S BEGUILING BROADSHEET OF CHOICE

THE DAILY PROPHET

BRINGING NEWS TO THE WIZARDING WORLD SINCE 1743

£1/4 PRINTED IN GREAT BRITAIN LONDON. MOON IN LEO - 1932

OBSCURUS BOOKS • LATEST CATALOGUE • NOW AVAILABLE! SEND A SELF STAMPED OWL TO RECEIVE YOUR COPY TODAY

ASK D.SHAMAN UNRAVELLING YOUR INNERMOST CONUNDRUMS WEDNESDAY.S AND SUNDAYS

MOON CALENDAR

NEXT WEEK RUNES & RUNES ALL YOU NEED TO KNOW! NEXT WEEK

NATIONAL WEATHER SOUTH - COLD - 2C NORTH - VERY COLD - 0C CENTRAL - COLD & WINDY - 1C LONDON - SUNNY SPELLS - 4C HOGSMEADE - RAINY - 2C ZODIAC • ASPECTS

MORNING FINAL DIAGON ALLEY - LONDON GREAT BRITAIN

EDITORIAL - EDITORIAL

NEWS BREAKING NEWS

WHO WILL TRIUMPH?

LIU OR SANTOS

EXCLUSIVE

EDITORIAL by LIMUS FILHOUS

MINISTERS VIE FOR LEADERSHIP

ALL EYES ON BERLIN

ALL EYES ON BERLIN MINISTER VOGEL: 'ALL WIZARDS ARE WELCOME'

WHERE IS GRINDELWALD?

BREAKING NEWS by M.CARNEIRUS WIZARDING COMMUNITY ULTIMATUM: GET GELLERT GRINDELWALD NOW!

GET GELLERT NOW!

SEARCHES INTENSIFY ACROSS THE WORLD

EXCLUSIVE — BLOODY VAMPIRES! 100 YEARS AFTER THEIR REBELLION

POTIONS — STINKY SITUATION! SMELLY POTIONS IN GREEK STREET

WEATHER — STUNNING BLUE RAIN CASCADES OVER HIGHGATE

JOBS — AURORS AURORS WE NEED YOU! REGISTER NOW! Ministry of Magic - no.7785/007

CULTURE — MAGICAL WEST END IN LOVE WITH A GHOST - OPENS

AWARDS — THE GOLDEN WING AWARD SPELLING GENIUS AWARDED

EDUCATION — WIZARDING SCHOOLS POTIONS CHAMPIONSHIP

SPELLS • HOCUS-POCUS • GOOD NEWS • BAD NEWS • POLITICS • ARTS AND FARTS • BLAHBLAHBLAH

LETTERS OR VIBES TO THE EDITOR SHOULD BE SENT ONLY BY OWL POST AND WITH A CLEAR MIND TO THE DALY PROPHET - DIAGON ALLEY

ALUSTAVA GRAFIIKKA *PÄIVÄN PROFEETAKSI*,
TILAA JÄTETTY LIUN JA SANTOSIN LIIKKUVILLE KUVILLE.

JUNA SISÄLTÄ, KUVAUSPAIKKAMALLINNUS

OLEMME tietenkin nähneet Tylypahkan pikajunaa paljonkin Potter-elokuvissa, joissa sitä on aina käsitelty todellisena junana, jota jästit vain eivät näe. Tässä asia on toisin sikäli, että nyt matkustetaan vaunussa, joka on liitetty jästijunaan, joten meidän oli lakattava ajattelemasta junaa, joka on ulospäin näkymätön. Kun näemme junan saapuvan Berliinin asemalle ja kamera liikkuu ulkoa sisälle, tämä kaunis vaunu paljastuu rähjäisen tavaravaunun sisältä junan viimeisenä. Se on siis kätketty taian voimalla eikä suinkaan ole näkymätön, ja se tuntui kiinnostavammalta tämän elokuvan maailmassa.

–CHRISTIAN MANZ

(visuaaliset tehosteet)

Takasivulla Grindelwaldin ETSINTÄKUULUTUS.

LISKO

Mitä ministeriössä sanotaan? Liu vai Santos?

THESEUS

Virallisesti ministeriö ei ota kantaa.
Epävirallisesti? Fiksu veikkaa Santosia.
Mutta *kuka tahansa* on parempi kuin Vogel.

KAMA

Kuka tahansa?

Kaman katse osuu Grindelwaldiin. Theseus huomaa sen.

THESEUS

Tuskinpa hän on äänestyksessä, Kama.
Sattuu olemaan karkuteillä.

KAMA

Onko sillä väliä?

Juuri silloin TULI RÄTISEE, muuttuu hivenen VIHREÄKSI, ja Jacob kompuroi takasta. Hänellä on yhä paistinpannu kädessä.

YKSI mahdollisuus todella hyödyntää art deco -tyyliä oli taikajuna, joka kuljettaa sankarimme Lontoosta Berliiniin. Tulisijojen muotoillut paneelit perustuvat art deco -seinäkoristuksiin. Otimme sitten elementtejä niistä ja loimme velhojunayhtiön logon. Kun olimme tehneet tuon merkin – ja tämä koskee kaikkia velhomaailman, taikaministeriöiden, Päivän Profeetan ja niin edelleen merkkejä – saatoimme käyttää sitä eri yhteyksissä. Loimme esimerkiksi junalehtiä ja -lippuja, jotka eivät ehkä pääsisi lähikuvaan, mutta lisäävät silti osaltaan maailmaan siihen kuuluvia palasia.

–MIRAPHORA MINA

(graafinen suunnittelija)

(yllä) JUNAYHTIÖN LOGO

(vieressä) JUNA SISÄLTÄ, KOHOKUVAPANEELIN KUVIO

JACOB

Kieppumista! Aina kieppumista.

LISKO

Jacob! Tervetuloa! Sinä suurenmoinen mies. Olin aivan varma, että professori Lande saa sinut taipumaan!

JACOB

Tunnet minut, kamu. En pysty vastustamaan hyvää porttiavainta.

Juuri silloin arinalla rätisee taas, ja hetken päästä Lally harppoo vaivattomasti tulesta, kirjaa puristaen.

LALLY

Herra Scamander?

LISKO

Professori Lande?

LALLY/LISKO

Vihdoin viimein.

LISKO

(muille)

Professori Lande –

(keräten itsensä)
ja minä olemme käyneet kirjeenvaihtoa monta vuotta, mutta emme ole koskaan varsinaisesti tavanneet. Hänen kirjansa *Edistynyt loitsinta* on aivan pakko lukea.

LALLY

Lisko on liian ystävällinen. *Ihmeotukset* on pakollista luettavaa kaikilla viidennen vuoden oppilaillani.

LISKO

No niin, selvä, saanen suorittaa esittelyitä. Tässä on Bunty Broadacre, korvaamaton assistenttini viimeisten seitsemän vuoden ajan –

BUNTY

Kahdeksan...

Kaksi nuorta haiskua istahtaa Buntyn harteille.

BUNTY (JATK.)

...vuoden ja sadankuudenkymmenenneljän päivän.

LISKO

Kuten huomaat: korvaamaton. Ja tässä on –

KIRJAN KANSIKUVA, *EDISTYNYT LOITSINTA*, EULALIE LANDE

KIRJAN KANSIKUVA, *IHMEOTUKSET JA NIIDEN OLINPAIKAT*,
LISKO SCAMANDER

KAMA

Yusuf Kama. Ilo tavata.

LISKO

Ja Jacobiin oletkin tietysti jo tutustunut –

Theseus RYKII. Lisko tuijottaa häntä ilmeettömästi. Theseus kohottaa kulmiaan.

THESEUS

Lisko.

LISKO

Ai niin. Anteeksi, Tässä on veljeni, Theseus.
Hän työskentelee ministeriössä.

THESEUS

Olen itse asiassa Britannian auroriviraston johtaja.

LALLY

Aah. No, täytyypä varmistaa, että sauvalupani on ajan tasalla.

Lally virnistää.

THESEUS

Aivan. Vaikka se ei tarkalleen ottaen minun toimialaani kuulukaan –

Lisko käännähtää äkisti ja kävelee vaunun peräosaan. Muut seuraavat perässä.

LISKO

No niin sitten. Te varmaankin ihmettelette, miksi olette tulleet tänne.

Yleistä yksimielisyyttä.

LISKO (JATK.)

Ja sitä silmällä pitäen Dumbledore pyysi välittämään viestin: Grindelwaldilla on kyky nähdä pätkiä tulevaisuudesta. Eli meidän on oletettava, että hän ennakoi tekemisemme ennen kuin teemme mitään. Jotta siis voimme toivoa, että pystymme peittoamaan hänet ja pelastamaan maailmamme... pelastamaan sinunkin maailmasi, Jacob... paras toivomme on hämmentää häntä.

Kun Lisko on puhunut, hän saa vastaansa... hiljaisuuden.

JACOB

Anteeksi nyt? Pahoittelen, mutta miten voi hämätä tyyppiä joka näkee tulevaisuuteen?

KAMA

Vastanäyllä.

LISKO

Niin juuri. Paras suunnitelma on ettei suunnitelmaa ole.

LALLY

Tai on useita päällekkäisiä suunnitelmia.

LISKO

Siten syntyy hämmennys.

JACOB

Toimii ainakin minuun jo nyt.

LISKO

Itse asiassa Dumbledore pyysi antamaan sinulle jotain, Jacob.

Muut seisovat sivussa, kun Lisko kaivaa hihastaan – vähän kuin harrastelijataikuri – TAIKASAUVAN.

LISKO (JATK.)
Se on käärmepuuta. Se on jokseenkin harvinainen -

JACOB
Lasketko sinä nyt leikkiä? Onko tämä *oikea*?

LISKO
Kyllä, tai, ydintä siinä ei ole, joten tavallaan - mutta kyllä.

JACOB
Tavallaan oikea?

LISKO
Tärkeämpää on tietää, että tulet tarvitsemaan sitä siellä, minne menemme.

Jacob ottaa taikasauvan, tuijottaa sitä kunnioittavasti. Lisko alkaa kaivella taskujaan.

LISKO (JATK.)
Sinullekin taisi olla jotain, Theseus -

Taas toiset odottavat. Lisko - tällä kertaa kuin todellinen taikuri - yrittää vetää jotain takkinsa sisuksista - mutta jokin kiskoo sitä toiseen suuntaan. Lisko kamppailee jonkin aikaa, nykii lujasti, puhuttelee taskunsa sisusta...

LISKO (JATK.)

Teddy kiltti, päästä irti. Teddy kiltti, päästä irti. Teddy. Käyttäydy nyt. Se on Theseuksen...

Ratkaisevan riuhtaisun jälkeen Teddy sinkoutuu ilmaan, ja Jacob nappaa sen kiinni. Pala kangasta putoaa lattialle.

Jacob ja Teddy tuijottavat toisiaan.

Lisko kumartuu poimimaan kankaanpalan. Se on KIMMELTÄ-VÄN PUNAINEN SOLMIO, jossa on KULTAISIA FEENIKSIN-KUVIA. Hän nousee ylös ja ojentaa sen Theseukselle, joka ottaa sen ja kääntelee sitä käsissään.

THESEUS

No, nythän kaikki tietysti käy järkeen.

LISKO

Lally, Lally, sinulle kaiketi annettiin luettavaa...

LALLY

Tiedät sanonnan: Kirja voi kuljettaa sinut maailman ympäri – sinun on vain avattava se.

JACOB

(laskien Teddyn käsistään)

Totta puhuu.

LISKO

Bunty. Tämä on sinulle. Kuulemma vain sinä saat nähdä sen.

Lisko onkii esiin pienen taitellun PAPERIARKIN ja ojentaa se BUNTYLLE. Kun Bunty avaa sen, hän reagoi silminnähden, mutta ei ehdi lukea toistamiseen, kun paperi jo syttyy tuleen ja tuhoutuu.

LISKO (JATK.)

Kama –

KAMA

Minulla on mitä tarvitsen.

JACOB

Entä Tina? Onko Tina tulossa?

LISKO

Tina... on estynyt. Tina... on saanut ylennyksen. Hän on... hyvin, hyvin kiireinen.

(tauko)

Ymmärtääkseni.

LALLY

Tina on nykyään Amerikan aurorivirastonjohtaja. Tunnen hänet hyvin, hän on sangen huomionarvoinen nainen.

Lisko silmäilee hetken Lallya, sitten:

LISKO

Niin on.

THESEUS

Tässä siis on ryhmä, joka pysäyttää vaarallisimman velhon, jonka olemme yli sataan vuoteen kohdanneet? Taikazoologi, hänen korvaamaton assistenttinsa, opettaja, erittäin vanhan ranskalaisen velhosuvun vesa... ja jästileipuri, jolla on feikkisauva.

JACOB

Hei. Onhan meillä sinut, kamu.

(muille)

Ja hänen sauvansa toimii.

Jacob kulauttaa juoman ja...

THESEUS

Totta. Kukapa ei uskoisi mahdollisuuksiimme?

DUMBLEDORE valitsee ihmisiä, joilla on hyvä sydän ja aivan erityiset kyvyt. Lally on velhomaailman suuresti arvostama maineikas loitsuopettaja. Theseus on Liskon veli ja huipputekijä alallaan, Britannian ministeriön aurorivirastōn johtaja. Kamalla on sukuhistoria, jonka hän voi valjastaa käyttöön. Entä miksi Dumbledore valitsee Jacobin? Miksi liittää jästi joukkoon? Koska Jacobilla on oikeamielinen moraalinen selkäranka ja hän on kiltti ja kunnollinen mies, jolla on valtava lämmin sydän.

–DAVID HEYMAN

(tuottaja)

...ja kikattaa. Ja LEIKKAUS:

25 **EXT. RAUTATIEASEMA – BERLIINI – ALKUILTA**

Viluisia berliiniläisiä seisoo jäykkinä laiturilla, kun juna JYLISEE asemalle.

26 **INT. TAIKAJUNANVAUNU – ALKUILTA**

Lisko, polvillaan laukkunsa vieressä, on ruokkinut qilinin ja napsauttaa laukun hellästi kiinni.

LISKO

Kaikki hyvin, pikkuinen.

LALLY

Berliini... Suurenmoista.

Lisko kääntyy, näkee Lallyn seisovan viereisessä ikkunassa, katsovan ulos. Muuan mies (PITKÄ AURORI) erottuu muista sekä pituutensa että käytöksensä perusteella.

Junan liike pysähtyy, moottori SIHISEE. Muut alkavat keräillä tavaroitaan. Kama on ensimmäisenä ovella.

THESEUS

Kama, ole varovainen.

Kama pysähtyy, katsoo hetken Theseusta silmiin, sitten nyökkää. Kun hän poistuu vaunusta, KYLMÄ TUULI puhaltaa sisään. Bunty ilmaantuu Liskon viereen.

BUNTY

Minunkin täytyy nyt mennä, Lisko.

Lisko alkaa vastata, pysähtyy sitten, katsoo alas, näkee että Buntyn käsi on ottanut kiinni hänen omastaan laukun kahvalla.

BUNTY (JATK.)

Kukaan ei voi tietää kaikkea. Et edes sinä.

Lisko kohottaa katseensa Buntyyn, mutta Bunty ei sano muuta. Lopulta Lisko irrottaa otteensa kahvasta.

Buntyn mentyä Lisko huomaa Theseuksen ja Jacobin tarkkailevan häntä. Lisko kääntyy poispäin, katsoo ikkunasta ulos, näkee miten Kama ja Bunty lähtevät kulkemaan vastakkaisiin suuntiin.

27 EXT. KATU – BERLIINI – HETKEN PÄÄSTÄ – ILTA

LUNTA SATAA HILJALLEEN, kun Jacob, Lisko, Lally ja Theseus liikkuvat kadulla.

LISKO

Selvä... No niin, tässä se on.

Lisko kulkee etumaisena kujalle, jonka päässä on TIILIMUURI ja siinä VAAKUNA. Muiden harppoessa seinää kohti Jacob vilkuilee sivuilleen, ylös ja ympäriinsä, kun...

HUUSH.

...kaikki neljä ovat siirtyneet muurin läpi sen toiselle puolelle. Jacob kurtistaa kulmiaan, katsoo taakseen ja näkee saman tiilimuurin ja saman vaakunan – nyt vain nurjalta puolelta.

Jacob kohauttaa harteitaan, katsoo eteenpäin ja näkee – painettuina VALTAVIIN BANDEROLLEIHIN kadun yläpuolelle – HYVÄNTAHTOISEN OLOISET VELHON KASVOT (ANTON VOGEL). Kauempana näkyy RAKENNUS ympärillään Liun ja Santosin KANNATTAJIA.

THESEUS

Saksan taikaministeriö.

LISKO

Aivan.

THESEUS

Olemme täällä varmaankin syystä.

LISKO

Kyllä. Osallistumme teeseremoniaan. Ja jos emme kiirehdi, myöhästymme.

OLEN aina rakastanut Potter-elokuvissa ja koko velhomaailmassa sitä ajatusta, että me elämme omassa maailmassamme, ja aivan naapurissamme meitä melkein hipoo muurin läpi toinen, mielikuvituksellisempi, jännittävämpi maailma. On ollut hämmästyttävää nähdä se muuallakin kuin Lontoossa ja Britanniassa.

–EDDIE REDMAYNE

(Lisko Scamander)

SAKSAN TAIKAMINISTERIÖN TAIKAMERKKI

SAKSAN VELHOVALUUTTAA

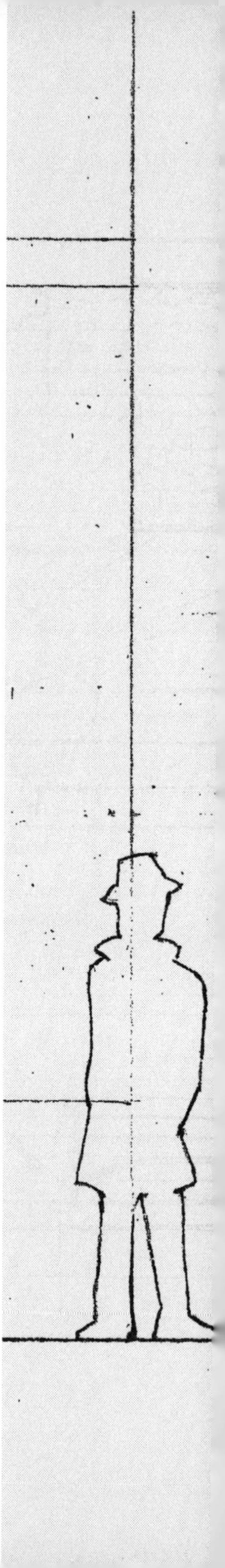

SAKSAN TAIKAMISTERIÖN SISÄÄNKÄYNTI, LUONNOS

Kun Lisko lähtee liikkeelle, Theseus ja Lally katsahtavat toisiinsa, sitten seuraavat Liskoa. Jacob kompuroi mukana, vilkuilee ihmeissään ympärilleen.

LALLY (O.S.)

Jacob!

Jacob katsoo, näkee Lallyn viittilöivän.

LALLY (JATK.)

Pysy ryhmässä.

Kun Jacob rientää eteenpäin, hän ohittaa ETSINTÄKUULUTUS-julisteen, josta Grindelwald tuijottaa hänen jokaista liikettään.

Jacob ei voi olla katsomatta Grindelwaldia epäluuloisesti silmiin.

28 **EXT. PORTAAT – SAKSAN MINISTERIÖ – HETKEN PÄÄSTÄ – ILTA**

Sattumanvaraiset JOUKOT LIUN JA SANTOKSEN KANNATTAJIA HUUTAVAT ja nostelevat BANDEROLLEJA ylös kiihkeän mutta rauhanomaisen intohimon vallassa. Lisko ja muut puikkelehtivat portaita kohti.

Theseuksen johtaessa joukkoa väenpaljouden läpi ministeriön sisäänkäyntiä kohti yksi SAKSALAISISTA AUROREISTA, jotka ovat asemissa tarkkailemassa tapahtumia, yrittää estää Lallya ja Jacobia nousemasta portaita.

ALUSTAVA GRAFIIKKA ETSINTÄKUULUTUSJULISTEEKSI,
TILAA JÄTETTY GRINDELWALDIN LIIKKUVILLE VALOKUVILLE.

SAKSAN TAIKAMINISTERIÖ ULKOA, KUVAUSPAIKKAMALLINNUS

wählt

THESEUS

Iltaa. Helmut.

HELMUT

Theseus.

THESEUS

Hei. He ovat minun kanssani.

Lallyn ja Jacobin kulkua estävä aurori näkee Theseuksen, ja hänen katseessaan vilahtaa tunnistaminen. Hän vilkaisee KOMENTAVAA AURORIA (HELMUT), joka valvoo tilannetta portaiden yläpäässä ja nyökkää.

Theseus nousee etumaisena ylös.

Juuri silloin väki vyörähtää. Rosier ja Carrow työntyvät eteenpäin Santosin kannattajien joukossa rummunpärinän tahdissa.

Rosier nyökkää Carrowille, joka kohottaa taikasauvansa. Tulisalama iskee Santosin banderolliin. Kun Santosin kasvot muuttuvat tuhkaksi, tunnelma synkkenee äkisti ja syntyy paljon tönimistä ja törmäilyä.

29 INT. JUHLASALI – SAKSAN MINISTERIÖ – HETKEN PÄÄSTÄ – ILTA

SATOJA VALTUUTETTUJA tungeksii ja TEEPANNUJA LEIJUU kautta upean tilan. Theseus kävelee vieressään Lisko, joka vilkuilee huomiota herättävästi ympärilleen kuin etsien jotakuta.

THESEUS

Emme kai tulleet tänne sormileipien takia?

LISKO

Emme. Minun on toimitettava viesti perille.

THESEUS

Viesti? Kenelle?

Lisko pysähtyy. Katsoo jonnekin. Theseus seuraa katseen suuntaa.

Tilan toisessa päässä Anton Vogel, eli KADULLA BANDEROLLISSA vilaukselta nähty hyväntahtoinen velho, kättelee ihmisiä samalla kun ryhmä HENKIVARTIJOITA vahtii hänen jokaista askeltaan ja NAISPUOLINEN ATTASEA (FISCHER) pitää hänet liikkeessä.

THESEUS (JATK.)

Sinä pilailet.

LISKO

En.

Kun Lisko suuntaa heitä kohti, Theseus seuraa perässä. LEIKKAUS:

UUSI KUVAKULMA - JACOB JA LALLY

JACOB

Mitä me edes teemme täällä? Mennään ulos. En ole kovin hyvä näissä tilanteissa.

LALLY

Näissä tilanteissa?

JACOB

Ihmisten seurassa. Hienojen ihmisten.

EDITH

Haloo!

Jacob hätkähtää, näkee iäkkään matroonan (EDITH) aivan vieressään.

EDITH (JATK.)

Näin kun tulitte paikalle ja ajattelin itsekseni: "Edith, onpa siinä kiinnostavan näköinen mies."

JACOB

(hermostuneesti)

Jacob Kowalski. Mitä kuuluu? Oikein mukava tavata.

EDITH

Entä mistä te olette kotoisin, herra Kowalski?

JACOB

Queensistä.

EDITH

Aaah.

Edith nyökkää hitaasti. LEIKKAUS:

UUSI KUVAKULMA

Lisko, perässään Theseus, lähestyy Vogelia ja tämän seuruetta.

LISKO

Herra Vogel, voisinkohan hetken puhua –

Vogel kääntyy Liskon äänen suuntaan.

VOGEL

Merilinin parta! Sehän on herra Scamander?

LISKO

Herra Vogel...

Henkivartijat häälyvät. Theseus häälyy. Vogel tuijottaa Liskoa pitkään, heilauttaa sitten kättään, antaa henkivartijoille merkin pysyä etäämpänä. Kun henkivartijat astuvat sivuun antaakseen yksityisyyttä, Lisko nojautuu lähemmäs.

LISKO (JATK.)

Minulla on viesti ystävältä. Eikä se voi odottaa.
"Tee se mikä on oikein. Älä sitä mikä on helppoa."

Lisko suoristautuu. Vogel ei hievahdakaan.

LISKO (JATK.)

Hän piti tärkeänä, että tavoitan teidät tänään. Että kuulette ne tänään. Sanat.

Fischer tulee paikalle.

FISCHER

On aika.

VOGEL

(välittämättä hänestä)

Onko hän täällä? Berliinissä?

Lisko empii, ei tiedä mitä vastata.

VOGEL (JATK.)

Ei. Eipä tietenkään. Miksi poistua Tylypahkasta kun ulkomaailma palaa?

(kurtistaa kulmiaan)

Kiitän, herra Scamander.

Fischerin kuljettaessa Vogelia pois Vogel vilkaisee vielä Liskoa.

Ääni, kun LUSIKKA KILISTÄÄ POSLIINIA, kuuluu sorinan läpi ja kaikki kääntyvät katsomaan Fischeriä, joka seisoo teekuppi kädessään, Vogel lähellään. Kun Fischer on tavoittanut kaikkien huomion, hän siirtyy sivuun ja Vogel astuu korokkeelle. Yleisö osoittaa suosiotaan, kun Vogel astuu eteenpäin.

VOGEL (JATK.)

Kiitos, kiitos. Näen täällä monia tuttuja kasvoja tänä iltana. Kollegoja, ystäviä, vihollisia...

Väki NAURAHTELEE.

VOGEL (JATK.)

Seuraavien kahden vuorokauden kuluessa te – koko muun velhomaailmaan kanssa – valitsette seuraavan suuren johtajamme. Valinta tulee muovaamaan elämäämme usean sukupolven ajan. En epäile, etteikö Liitto olisi pystyvissä käsissä, tulipa valituksi kumpi hyvänsä. Liu Tao. Vicência Santos.

EHDOKKAIDEN LIU JA SANTOS VAALIJULISTEET

VOTE
VICÊNCIA
SANTOS
LIDERANÇA!
PROGRESSO!
MAGIA!

Vogelin viitatessa kohti Liu Taoa ja Vicência Santosia, jotka tunnistamme Profeetasta, läsnäolijat TAPUTTAVAT.

VOGEL (JATK.)

Juuri tällaisina hetkinä me muistamme, että rauhanomainen vallanvaihto on osoitus ihmisyydestämme ja myös näyttää maailmalle, että erilaisuuksistamme huolimatta kaikki äänet ansaitsevat tulla kuulluiksi.

Vogel katsoo poispäin. Theseus, joka tarkkailee häntä vähän matkan päästä, seuraa katsetta. Yksi toisensa perään MUSTA-PUKUISET AURORIT asettuvat uloskäyntien eteen.

VOGEL (JATK.)

Jopa ne äänet, joita moni pitää vastenmielisinä.

Theseus seuraa akolyyttien kävelyä salin halki.

THESEUS

Lisko, näyttääkö noista kukaan tutulta?

Lisko seuraa Theseuksen katsetta.

LISKO

Pariisi. Ilta, jona Leta...

THSEUS

He olivat Grindelwaldin kanssa.

Theseus seuraa Rosierin kulkua väkijoukossa. Rosier katsoo takaisin, melkein kuin haastaen lähtemään peräänsä. Theseus lähtee, yrittää saada Rosierin kiinni, ja Lisko tulee kauempana perässä.

VOGEL

Ja niin, laajan tutkinnan jälkeen Liitto on todennut, että todisteet eivät riitä siihen, että Gellert Grindelwald asetettaisiin syytteeseen niistä rikoksista jästiyhteisöä kohtaan, joihin hänen on sanottu syyllistyneen. Hänet on täten vapautettu syytteistä kaikkiin väitettyihin rikoksiinsa.

Lisko tajuaa mitä Vogel sanoi. Yhtäkkiä huone puhkeaa reaktioon: raivoa, satunnaista hurraata, hämmennystä.

JACOB

Onko tämä pilaa? Lasketaanko se tyyppi vapaaksi? Minä olin siellä! Hän tappoi ihmisiä!

Tietäväinen kovuus asettuu Lallyn kasvoille. Sitten:

THESEUS

Teidät on pidätetty! Teidät kaikki! Sauvat alas!

Theseus, sauva kohotettuna, on tiukassa pattitilanteessa pimeyden aurorin kanssa.

LOITSU iskee Theseusta niskaan ja hän lyyhistyy. Helmut ilmestyy näkyviin, sauvan kärki savuten.

HELMUT

Nehmen Sie ihn weg.

Kaksi auroria nostaa Theseuksen.

Lisko käännähtää ja liikkuu väen joukossa järkyttyneenä kuin häneen itseensä olisi osunut.

LISKO

Theseus! Theseus!

Kun Lisko syöksyy väkijoukosta, Lally ja Jacob ilmaantuvat hänen vierelleen.

LALLY

Lisko, Lisko. Ei täällä. Lisko, meillä ei ole mahdollisuuksia.

Helmut kääntyy tyynesti, samoin ryhmä pimeyden auroreita hänen takanaan.

LALLY (JATK.)

Lähdetään. Lisko. Heillä on Saksan ministeriö. Meidän täytyy lähteä.

Jacob huutaa vielä saliin jouduttuaan poistuvan tungoksen virtaan.

JACOB

Se ei ole oikein... se ei ole oikein. Tuo ei ole oikeutta... laaja tutkinta... Olitteko te siellä... minä olin... te laskitte tappajan vapaaksi!

Lally ottaa kiinni hänestä.

LALLY

Meidän täytyy lähteä! Meidän täytyy lähteä!

VÄKIJOUKON PAUHU YLTYY. Grindelwaldin BANDEROLLI levitetään ministeriötä ympäröivän väen yläpuolelle. Väki alkaa HUUTAA Grindelwaldin nimeä, äänet kohoavat LUJEMMIKSI ja LUJEMMIKSI. Ja LEIKKAUS:

RIKKUMATON HILJAISUUS

LUNTA SATAA KUIN SOKERIA

TUMMALTA TAIVAALTA

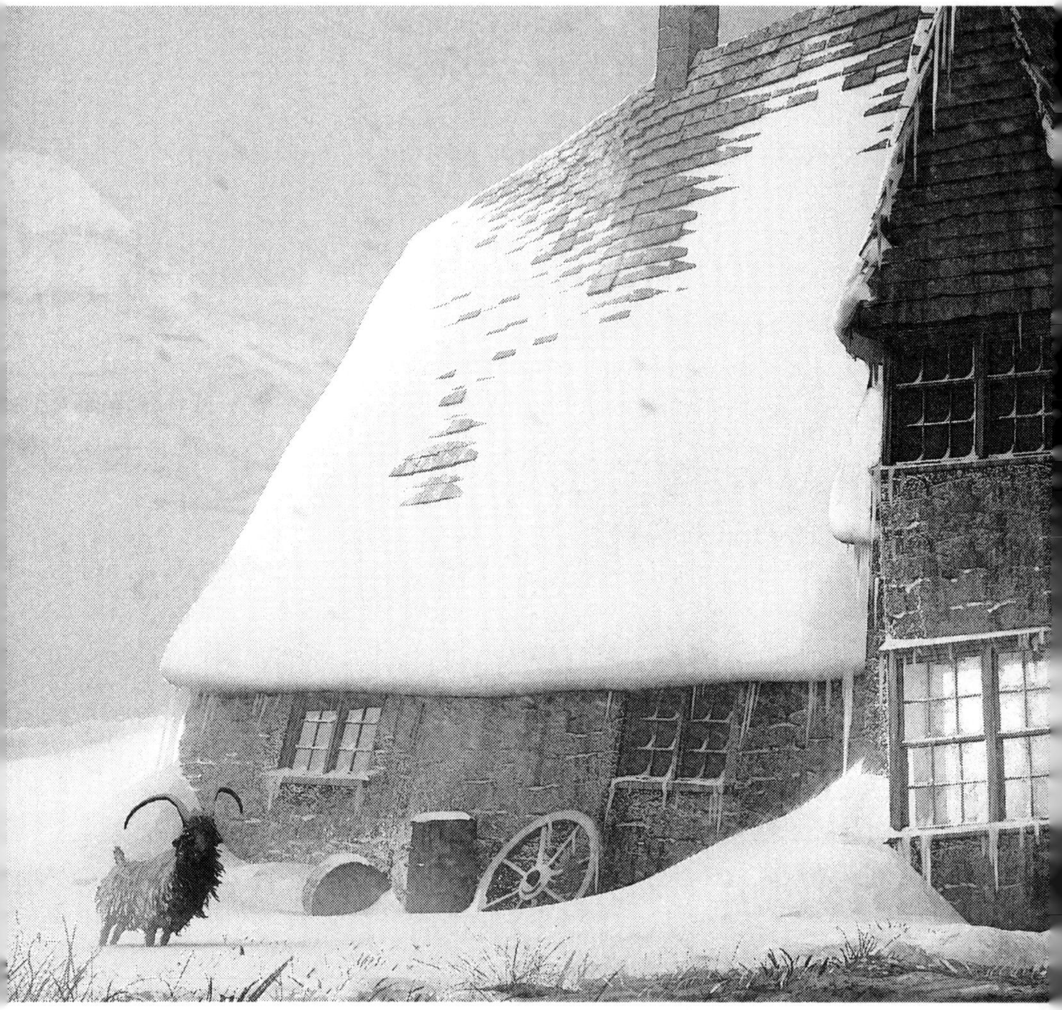

SIANPÄÄ ULKOA, KUVAUSPAIKKAMALLINNUS

30 EXT. TYLYAHO – ILTA

Liikkeiden ikkunat on peitetty turvakaihtimin. Katu kuin pitkä valkoinen lumivaippa. Koskematon.

31 INT. YLÄKERRAN HUONE – SIANPÄÄ – SAMA AIKA – ILTA

Dumbledore seisoo ARIANAA esittävän MAALAUKSEN edessä. Näyttää kuin Ariana katselisi häntä.

32 INT. SIANPÄÄ – SAMA AIKA – ILTA

Dumbledore ja Aberforth istuvat vastatusten autiossa pubissa, syövät. Vähään aikaan ei kuulu muuta kuin heidän lusikointinsa kulhoista.

DUMBLEDORE
(keitosta)
Tämä on hyvää.

Aberforth jatkaa syömistä.

DUMBLEDORE (JATK.)
Hänen lempiruokansa. Muistatko miten hän kerjäsi äitiä tekemään tätä – Ariana – äiti sanoi että se rauhoitti häntä. Taisi olla toiveajattelua –

ARIANA DUMBLEDOREN MUOTOKUVA

ABERFORTH

Albus.

Dumbledore pysähtyy, näkee veljensä katsovan häntä silmiin.

ABERFORTH (JATK.)

Olin läsnä. Vartuin samassa talossa. Näin kaiken minkä sinä näit.

(tauko)

Kaiken.

Aberforth jatkaa keiton syöntiä. Dumbledore tutkailee veljeään, tuntee heidän välisensä etäisyyden, alkaa sitten hänkin jatkaa syömistä, kun – yhtäkkiä – kuullaan KOPUTUSTA. Aberforth HUIKKAA TYLYSTI:

ABERFORTH (JATK.)

Lue kyltti, senkin typerys!

Dumbledore näkee TUTUN VARJON oven takana, nousee.

33 INT./EXT. PUBIN SISÄÄNKÄYNTI – HETKEN PÄÄSTÄ – ILTA

Dumbledore vetää oven auki: MINERVA MCGARMIWA.

MINERVA MCGARMIWA

Anteeksi, että häiritsen, Albus –

DUMBLEDORE

Kerro mistä on kyse.

MINERVA MCGARMIWA

Berliinistä.

34 INT. SIANPÄÄ – YHTÄJAKSOINEN – ILTA

Aberforth istuu, kuuntelee McGarmiwan ja Dumbledoren HILJAISIA ÄÄNIÄ, sitten – kuin vaistoten jotain – kääntyy.

LIKAISEN PEILIN PINTA baarin takana KIMMELTÄÄ OUDOSTI.

Aberforth nousee hitaasti, kävelee huoneen poikki ja jää tuijottamaan peiliä. Sen sameaan HEIJASTUSPINTAAN ILMAANTUU SANOJA kuin lammen pohjasta nousten:

TIEDÄTKÖ MILLAISTA ON?

Aberforth pohtii viestiä hetken, nappaa sitten rasvaisen rätin läheltään ja pyyhkii peilin puhtaaksi.

35 INT./EXT. PUBIN SISÄÄNKÄYNTI – HETKEN PÄÄSTÄ – ILTA

McGarmiwa vääntelee hermostuneena käsiään. Dumbledoren ilme on vakava, hän pohtii juuri kuulemaansa.

DUMBLEDORE
Tarvitsen tuuraajan aamutunneilleni, voinko vaivata sinua?

MINERVA MCGARMIWA
Totta kai. Ja Albus. Olethan...

DUMBLEDORE
Teen parhaani.

McGarmiwa alkaa lähteä, pysähtyy, HUIKKAA.

MINERVA MCGARMIWA
Iltaa, Aberforth.

ABERFORTH (O.S.)
Iltaa, Minerva. Anteeksi, että sanoin sinua typerykseksi.

MINERVA MCGARMIWA
Anteeksipyyntö hyväksytty.

McGarmiwa kääntyy sitten poispäin, ja Dumbledore sulkee oven.

36 INT. SIANPÄÄ – YHTÄJAKSOINEN – ILTA

Aberforth kuulee veljensä askelet, kääntyy poispäin peilistä ja näkee Dumbledoren hattu ja takki yllään.

DUMBLEDORE

Joudun ikävä kyllä päättämään iltamme lyhyeen.

ABERFORTH

Pitää pelastaa maailma vai?

DUMBLEDORE

Siihen tarvitaan minua parempi mies.

Dumbledore ravistaa takin päälleen, sitten pysähtyy, katse tarkentuu peiliin, näkee, miten sanat **TIEDÄTKÖ MILLAISTA ON OLLA YKSIN** *ilmestyvät vähitellen. Kun hän kääntää katseensa, hän näkee Aberforthin tuijottavan.*

ABERFORTH

Älä kysy.

Veljekset seisovat niin, katsovat toisiaan silmiin, sitten Dumbledore poistuu. Aberforth kuuntelee hänen menoaan, sitten katsahtaa vielä kerran peilin sanoja.

37 EXT. LINNANPIHA – NURMENGARDIN LINNA – SAMA AIKA – ILTA

Kekäleinen FEENIKS liitää ilmassa ja nappaa leivänpalan. Valio seisoo alhaalla, kasvot kylpevät hiljaisessa ilossa, kun hän katselee sitä.

38 INT. SALONKI – NURMENGARDIN LINNA – SAMA AIKA – ILTA

Grindelwald seisoo suuren ikkunan ääressä. Kun hän katselee feeniksiä, Dumbledoren kuva ilmestyy lasin pintaan, sitten väistyy hitaasti Kaman kuvan tieltä. Hän tutkii kuvaa keskittynein ilmein, kun Rosier saapuu.

ROSIER

Kaduilla on tuhansia. Huutavat nimeäsi. Olet vapaa mies.

Grindelwald nyökkää.

GRINDELWALD

Käske muiden valmistautua lähtöön.

ROSIER

Tänä iltanako?

GRINDELWALD

Huomenna. Aamulla saamme vieraan.

Ikkunan takana feeniks ilmaantuu hetkeksi näkyviin, varistaa tuhkaa. Grindelwald tähyää pihalle, missä Valio seisoo.

ROSIER

Miksi se pysyy hänen luonaan?

GRINDELWALD

Se kai aistii, mitä hän aikoo tehdä.

ROSIER

Oletko varma? Että hän pystyy tappamaan Dumbledoren?

GRINDELWALD

Hänen tuskansa on hänen voimansa.

Rosier katsoo Grindelwaldia.

39 INT. SAKSAN MINISTERIÖN VIRKAHUONE – YHTÄJAKSOINEN – AAMU

Lisko, Lally ja Jacob jahtaavat MINISTERIÖN VIRKAILIJAN käytävällä kiinni.

LISKO

Mies, jota tiedustelen, on Britannin aurorivirastion johtaja! Miten olette voineet hukata Britannian auroriviraston johtajan?

Virkailija kääntyy Liskoa kohti ja tuijottaa häntä tyynesti.

MINISTERIÖN VIRKAILIJA

Käsityksemme on, että koska hän ei ollut missään vaiheessa huostassamme, me emme missään vaiheessa hukanneet häntä.

LALLY

Ihmisiä oli paikalla kymmenittäin. Kuka tahansa heistä voi vahvistaa –

MINISTERIÖN VIRKAILIJA

Ja teidän nimenne on?

Virkailija katsoo Lallya silmiin kun:

JACOB

Häivytään täältä... Hei! Hetkinen! Tuo on se tyyppi –

Lisko ja Lally kääntyvät. Lasisen käytävän seinien läpi näemme Helmutin tulevan virastohuoneesta seurassaan Pitkä Aurori, jonka näimme ensimmäistä kertaa rautatieasemalla.

Jacob viittaa virkailijaa seuraamaan.

JACOB (JATK.)

Tänne! Tänne!

Jacob, Lally ja Lisko syöksyvät ovelle.

JACOB (JATK.)

Anteeksi! Hei! Tuo on se tyyppi. Hän tietää missä Theseus on. Haloo! Missä Theseus on?

Helmut kävelee eteenpäin, ei välitä heistä.

JACOB (JATK.)

Hän on se – hän tietää Theseuksesta.

Yhtäkkiä ylhäältä liukuu alas heidän eteensä lasilevy kuin giljotiini.

40 EXT. SAKSAN MINISTERIÖ – HETKEN PÄÄSTÄ – AAMU

Kun Lisko, Jacob ja Lally pujahtavat sivuovesta ulos, Lally pysähtyy.

LALLY

Lisko.

Lisko ja Jacob katsovat taakseen, näkevät HANSKAN leijuvan ilmassa. HANSKA osoittaa kulman taakse. Lisko kävelee eteenpäin ja nappaa hanskan käteensä. Sitten hän seuraa toista hanskaa ja lähestyy hahmoa pylvään takana. Dumbledore.

41 EXT. SAKSAN MINISTERIÖ – HETKEN PÄÄSTÄ – AAMU

Dumbledore ottaa toisen hanskan ilmasta ja toisen Liskolta samalla kun ohjaa toiset rivakasti pitkin vilkasta valtakatua, katse jatkuvassa liikkeessä, ikään kuin jokaisessa varjossa voisi olla uhka.

LISKO

Albus.

DUMBLEDORE

Theseus on viety Erkstagiin.

LISKO

Mutta Erkstag suljettiin vuosia sitten.

DUMBLEDORE

Niin, kyllä, nykyään se on ministeriön salainen pikku majatalo. Tarvitsette tämän nähdäksenne hänet... ja yhden tällaisen... ja tämän.

Dumbledore panee molemmat hanskat hattuunsa samalla kun ottaa sieltä esiin PAPEREITA, jotka sujauttaa Liskolle, huomaa Liskon ilmeen.

Dumbledore johtaa heidät kohti seinää ja he kulkevat sen läpi. Lally työntää Jacobin, joka vaikuttaa vastahakoiselta.

JACOB

Hetki, hetki, hetki!

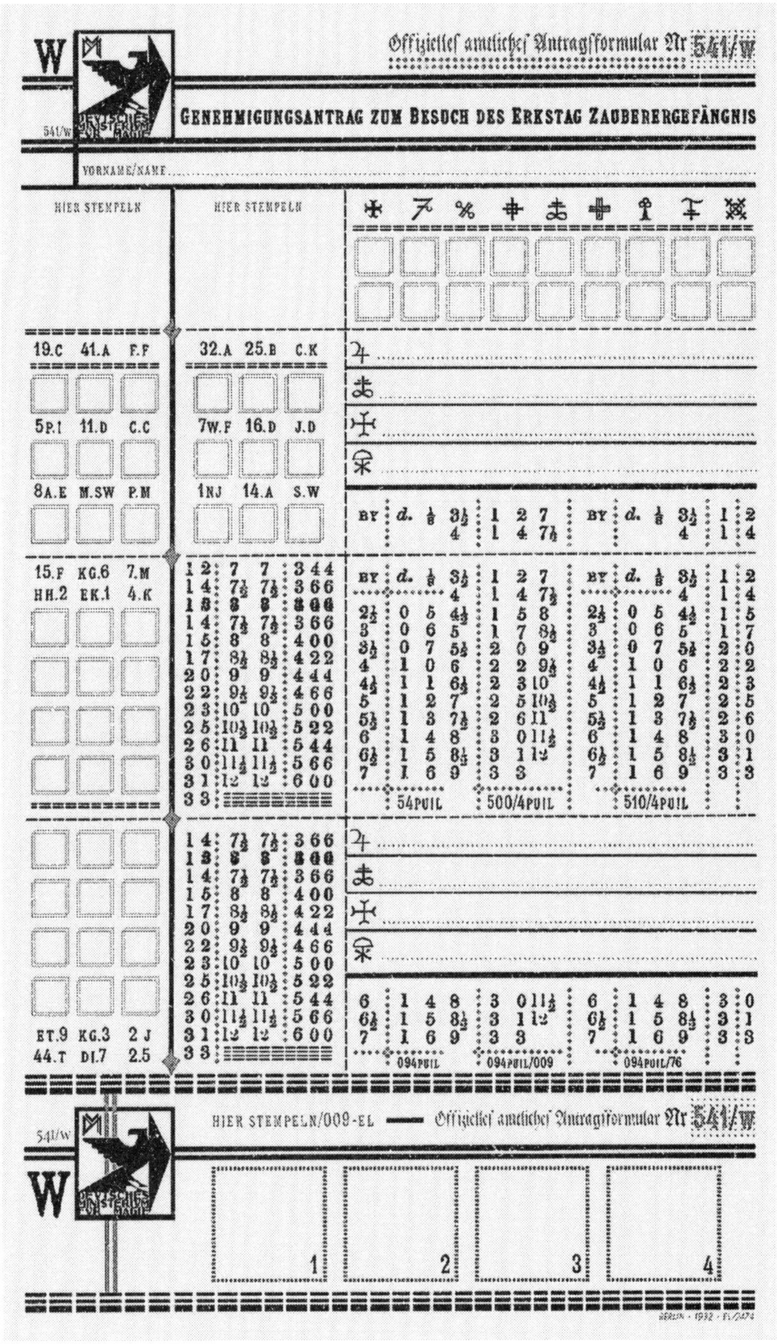

ERKSTAGIN VIERAILIJALOMAKE

DUMBLEDORE (JATK.)
Varmaankin pidätte sauvastanne, herra Kowalski?

JACOB
Minä. Ai. Joo. Kiitos, herra Dumbledore. Se on huippu.

DUMBLEDORE
Kehotan pitämään sen käsillä.

Kun Jacob jää miettimään, mitä se tarkoitti, Dumbledore onkii takkinsa uumenista TASKUKELLON ja kallistaa sitä. Lisko näkee Valion kuvan kannen HEIJASTAVALLA sisäpinnalla.

DUMBLEDORE (JATK.)
Professori Lande, olettaen ettei sinulla ole muita suunnitelmia – ja suoraan sanottuna, vaikka olisikin – kehottaisin osallistumaan tämän illan ehdokasillallisille, ottamaan herra Kowalskin mukaan. Olen melko varma, että siellä yritetään salamurhaa. Jos vain voisitte jotenkin estää sen, olisin erittäin kiitollinen.

LALLY
Mielihyvin. Otan haasteen vastaan. Onhan minulla sitä paitsi Jacob mukanani.

Jacob, joka on tarkkaillut keskustelua, näyttää hivenen hätääntyneeltä. Dumbledore huomaa sen.

DUMBLEDORE

Ei huolta, professori Landen suojelutaikuus on erinomaista. Näemme taas.

Hän hymyilee, nostaa hattuaan ja poistuu.

LALLY

Mikä imartelija.

(tauko)

Tai ei oikeastaan. On se erinomaista.

Lisko astuu eteenpäin, huudahtaa.

LISKO

Albus!

Dumbledore kääntyy, katsoo taakseen.

LISKO (JATK.)

Mietin vain...

Lisko elehtii kuin kantaisi laukkua.

DUMBLEDORE

Niin tosiaan. Laukku.

(jatkaen eteenpäin)
Voit luottaa sen olevan turvallisisissa käsissä.

42 EXT. BERLIININ KADUT – HETKEN PÄÄSTÄ – AAMUPÄIVÄ

Bunty – Liskon laukku kädessään – väistää raitiovaunua ja astelee rivakasti kadun yli kohti NAHKATAVARALIIKETTÄ.

43 INT. OTON NAHKATAVARAT – SAMA AIKA – AAMUPÄIVÄ

PIENI KELLO helähtää, OTTO, kookas, haituvahiuksinen MIES esiliina edessään, kohottaa katseensa pöydän takaa, jolla on sikinsokin saksia, vasaroita ja puristimia.

OTTO
Voinko auttaa?

Bunty astuu tiskin ääreen ja asettaa Liskon laukun varovaisesti sen lasipinnalle.

BUNTY
Kyllä. Haluaisin kopion tästä laukusta, kiitos.

BUNTY BROADACRE, PUVUSTUSSUUNNITELMA

OTTO

Ilman muuta.

Bunty katselee hermostuneesti, kun mies sivelee kuhmuista laukkua känsäisillä käsillään, tutkii sitä lukemattomista kulmista, sitten yrittää napsauttaa soljen auki.

BUNTY

Ei, ei. Sitä ei saa avata! Tai siis, se ei ole tarpeen. Sisäpuoli ei ole tärkeä.

Mies silmäilee Buntya uteliaasti, sitten kohauttaa harteitaan.

OTTO

En näe syytä, ettenkö tekisi tällaisen.

Kun mies kääntyy ottamaan paperia ja kynän hyllyltä takanaan, qilininpentu työntää päänsä laukusta ja tiirailee uteliaasti ympärilleen. Bunty hivuttaa sen nopeasti – ja hellästi – takaisin laukkuun ennen kuin mies kääntyy taas.

OTTO (JATK.)

Jos jätätte sen tänne –

BUNTY

Voi ei. En mitenkään voi. Jättää sitä. Ja tarvitsen useamman kuin yhden. Mieheni on näet hieman hajamielinen. Hän

unohtelee asioita - yhtenä päivänä juuri
hän unohti, että on naimisissa kanssani.
Voitteko kuvitella?

Hän nauraa, hivenen mielipuolisesti, tajuaa sen, ja kokoaa itsensä.

BUNTY (JATK.)

Mutta rakastan häntä.

OTTO

Montako teillä tarkalleen ottaen oli
mielessä?

BUNTY

Puoli tusinaa. Ja tarvitsen ne kahdessa
päivässä.

44 EXT. BERLIININ KADUT - HETKEN PÄÄSTÄ - AAMUPÄIVÄ

Bunty palaa kadun yli Liskon laukkua kantaen.

45 INT. VALION HUONE - NURMENGARDIN LINNA - AAMUPÄIVÄ

Queenie kurkistaa ulos. Näkee Zabinin ja Carrowin puolustus-asemissa.

ZABINI

Näyttäkää kätenne!

HAHMO kohottaa tyynesti kätensä, jatkaa eteenpäin...

46 EXT. LINNANPIHA – NURMENGARDIN LINNA – SAMA AIKA – AAMUPÄIVÄ

Hahmo etenee vielä muutaman askelen. Pysähtyy. Kama. Zabini erkanee muista ja menee hänen luokseen.

ZABINI

Kuka olette?

KAMA

Nimeni on Yusuf Kama.

Grindelwald ja Rosier tulevat linnasta.

GRINDELWALD

Kuka vieraamme on?

KAMA

Olen... *ihailija.*

ROSIER

Sinä murhasit hänen sisarensa. Nimeltään Leta.

Grindelwald silmäilee Kamaa.

YUSUF KAMA, PUVUSTUSSUUNNITELMA

KAMA

Leta Lestrange.

GRINDELWALD

Aivan niin. Teillä ja sisarellanne on ikivanha sukupuu –

KAMA

Oli. Muuta yhteistä meillä ei ollutkaan.

Grindelwald tutkailee Kamaa huolellisesti.

GRINDELWALD

Dumbledore lähetti teidät, eikö niin?

KAMA

Hän pelkää että hallussanne on eräs olento. Hän pelkää mihin aiotte käyttää sitä. Hän lähetti minut vakoilemaan. Mitä toivotte minun kertovan hänelle?

GRINDELWALD

Queenie. Puhuuko mies totta?

Queenie silmäilee Kamaa. Jokin häiritsee hänen silmiään.

Hän nyökkää.

Grindelwaldin katse siirtyy Valioon varjoissa. Grindelwald nyökkää melkein huomaamattomasti, ja Valio livahtaa pois. Grindelwald kääntää katseensa takaisin Kamaan.

GRINDELWALD

Mitä muuta?

QUEENIE

Vaikka hän uskoo sinuun, hän pitää sinua vastuussa sisarensa kuolemasta. Hän kantaa sisaren poissaoloa mielessään joka päivä. Jokainen hänen oma hengenvetonsa muistuttaa, ettei sisar hengitä enää.

Queenie näkee Kaman tuijottavan häntä silmiin. Grindelwald nyökkää itsekseen kuin pohtien asiaa. Vetää sitten taikasauvan esiin.

GRINDELWALD

Siinä tapauksessa ette varmaankaan pahastu, jos vapautan teidät sisarenne muistosta.

Grindelwald astuu eteenpäin ja asettaa sauvansa kärjen Kaman ohimolle, tarkkailee Kamaa nähdäkseen vastustaako tämä millään lailla. Mutta Kama ei hievahdakaan.

GRINDELWALD (JATK.)

Ettehän?

KAMA

En.

Grindelwald vetää hitaasti sauvansa pois, vetää samalla ulos LÄPIKUULTAVAN SÄIKEEN. Queenie yrittää pysyä hillittynä nähdessään, miten – ohikiitävän hetken – menetyksen tunne karehtii Kaman kasvoilla.

Juuri silloin läpikuultava säie irtoaa Kaman ohimosta. Se lepattaa kuin leijan pyrstö Grindelwaldin sauvan kärjessä ja muuttuu sitten USVAKSI.

GRINDELWALD (JATK.)

No niin. Onko parempi?

Kama tuijottaa eteensä, silmät harittavat. Lopulta Kama nyökkää.

GRINDELWALD (JATK.)

Niin arvelinkin. Kun sallimme vihan kalvaa meitä, ainoa uhri olemme me itse.

(hymy, sitten:)

Ja nyt. Olimme juuri aikeissa lähteä. Ehkä haluatte liittyä seuraamme? Tulkaa, voimme jutella lisää yhteisestä ystävästämme Dumbledoresta.

Queenie katselee kun Grindelwald lähtee saattamaan Kamaa sisälle ja – ohi kulkiessa – Kaman tyhjät silmät kohtaavat hänen katseensa – kiiluvat hetken kiihkeinä – kuin lähettäen hänelle viestiä. Kun hän katoaa sisälle:

ROSIER

Sinun jälkeesi.

Queenie kohottaa katseensa, näkee Rosierin tarkkailevan. Rosier elehtii ja sulkee oven hänen takanaan. LEIKKAUS:

47 EXT. VILKAS KATU – BERLIINI – PÄIVÄ

Dumbledore kävelee rivakasti Berliinin katuja. Valio seuraa perässä.

Dumbledore ylittää kadun ja pysähtyy hitaasti kaupan eteen, missä näkee Valion heijastumana ikkunassa, selvästi erottuvana ohi ajavien autojen takana ja väleissä.

Dumbledore puhaltaa hitaasti lumihiutaleeseen, ja se muuttuu vesipisaraksi.

Seuraamme pisaraa, kun se lentää päin ikkunaa kuin läpikuultava luoti ja ylittää heijastuvan kuvan raitiovaunuista ja autoista, jatkaa matkaa Valion luo, rikkoutuu hänen otsaansa. Pisaran puhjetessa kadun äänet hiipuvat, muuttuvat etäisiksi.

DUMBLEDORE

Hei, Valio.

Dumbledore kääntyy kasvokkain Valion kanssa. Valio jäykistyy, taikasauva valmiina, kun Dumbledore astelee kadulle. Maailma heidän ympärillään vaikuttaa erilaiselta, jotenkin hidastuneelta, kuin olisimme siirtyneet herkkään BERLIININ peilikuvaan, sen heijastumaan itsestään.

He kiertävät toisiaan, väki heidän ympärillään ei näytä kiinnittävän huomiota. Valio, taikasauva sojossa.

VALIO

Tiedätkö millaista on? Kun ei ole ketään? Kun on aina yksin?

Dumbledore oivaltaa.

DUMBLEDORE

Sinä sen teet. Sinä lähetät viestejä peiliin.

VALIO

Olen Dumbledore. Te hylkäsitte minut. Minun suonissani virtaa sama veri kuin teillä.

FEENIKS kaartaa ohi, Valio vilkaisee sitä. Valiosta huokuva pimeä energia alkaa tihkua ulos, rikkoo katukiveyksen, nostelee raitiovaunuja heidän ympärillään. Dumbledore tarkastelee energiaa, tunnistaa sen, ja koko ajan muu maailma näyttää jatkavan elämäänsä normaalisti.

VALIO (JATK.)
Se ei ole täällä sinun takiasi. Se on täällä minun takiani.

Maa alkaa säröillä ja halkeilla Valion ympärillä. Dumbledore jäykistyy, vaistoaa mitä voi olla tulossa.

VIHREÄ SALAMA purkautuu Valion sauvasta. Dumbledore torjuu sen sulavin liikkein, hurjan nopeasti. Siinä samassa Valio etenee ja laukaisee toisen loitsun, nostaa maata ja murskaa sitä Dumbledoren ympäriltä, joka hälventää räjähtävän hyökkäyksen ennen kuin kaikkoontuu pois tieltä.

Valio juoksee nyt, nostelee autoja, muurauksia, kauppojen ikkunoita, kerää niistä karehtivan, maata järistävän mullistuksen, jonka ohjaa eteensä, Dumbledorea kohti.

Ennen kuin Dumbledore ehtii torjua enempää Valio on hänen kimpussaan, he ovat käsivarsistaan kiinni kaksintaistellessaan.

Takaa lähestyy RAITIOVAUNU ja Dumbledore kaikkoontuu takaperin. Valio seuraa, ja me menemme heidän mukanaan RAITIOVAUNUUN, missä Valio jatkaa armotonta hyökkäystään. Valio laukaisee taas voimakkaan loitsun, rikkoo RAITIOVAUNUN palasiksi, ja siirrymme hirvittävää vauhtia SISÄLTÄ ULOS JA TAKAISIN kadulle heidän mukanaan.

HILJAISUUS

KATU, nyt aavemaisen hiljainen, ja Valio alkaa tajuta miten erilaiselta maailma tuntuu hänen ympärillään.

Valio, tiedostettuaan yhtäkkiä taikasauvan niskassaan, kääntyy ja näkee Dumbledoren seisovan takanaan.

Dumbledore kohottaa PIMEYTTIMEN.

DUMBLEDORE

Kaikki ei ole aivan niin kuin näyttää, Valio. Mitä sinulle sitten onkin kerrottu.

Yhdellä näpäyksellä KATU heidän ympärillään imeytyy pimeyttimeen, sulaa kuin maalaus, jättää jälkeensä negatiivikuvan todellisesta maailmasta kuin se olisi kaukainen muisto.

VALIO

Nimeni on Aurelius.

DUMBLEDORE

Hän on valehdellut sinulle, lietsoakseen vihaasi.

Valio turhautuu, sivaltaa salamannopeasti, ja hetken hän ja Dumbledore kaksintaistelevat hurjalla temmolla.

TAVALLISESTI kun murskaamme kaupungin, joudumme korjaamaan sen. Mutta tässä Dumbledore ja Valio ovat peilimaailmassa, ja se sallii meidän todella näyttää Valion ainutlaatuiset velhonkyvyt ja kehittää uusia tapoja visualisoida loitsuja, jotka ovat perimmältään kuin kauniita veistoksia ilmassa. Teimme muun muassa kokeiluja muuttuvalla aineella, niin että kiinteältä näyttävästä tuleekin nestemäistä tai valtavasta kivivyörystä tulee sauvan näpäytyksellä lunta. Ja lopussa jäämme maailmaan, joka on muuttunut täysin mustaksi, mutta sulaneissa lätäköissä näkee todellisen Berliinin päivänvalon ja liikenteen juuri sellaisena kuin se oli.

–CHRISTIAN MANZ

(visuaaliset tehosteet)

Dumbledore puolustautuu helposti, kun Valio laukaisee RYÖPYN RÄJÄHTÄVIÄ LOITSUJA, jotka Dumbledore peittoaa ennen kuin ojentaa kätensä ja osuu Valioon loitsulla, joka heittää hänet taaksepäin ja saa mustan, kineettisen massan purkautumaan tämän ruumiista.

Dumbledoren käden pehmeästi saattelemana Valio putoaa hitaasti selälleen loskaiselle kadulle, jää tuijottamaan kiukkuista taivasta, kaartelevaa feeniksiä.

Dumbledoren rintakehä kohoilee, kun hän laskee sauvansa, ja mustan savun kiemurrellessa takana katselee, miten feeniks kaartaa alas, leijuu hetken Valion yläpuolella, sitten lyö siipiään ja liitää pois.

UUSI KUVAKULMA - VALIO

Dumbledore lähestyy. Hän kumartuu alas - rauhallisesti - katselee Valiota.

Valion katse siirtyy, kurkistelee Dumbledoren silmiä.

DUMBLEDORE (JATK.)

Se, mitä hän on kertonut sinulle, ei ole totta. Mutta sama veri meissä virtaa. Sinä olet Dumbledore.

Kun Valio kuulee tämän, hänen katseensa kohtaa Dumbledoren katseen. He ovat näin tuokion ajan, yhteydessä, ennen kuin leijuva massa syöksyy takaisin Valioon. Dumbledore painaa kätensä lempeästi Valion rinnalle.

DUMBLEDORE (JATK.)

Pahoittelen tuskaasi. Vakuutan, että emme tienneet.

Dumbledore kohottaa taas pimeytintä, loitsu väreilee, ja nyt hän ja Valio ovat kadulla, ja aikaisempi maailma, jossa he kaksintaistelivat, heijastuu sulavan lumen luomaan lätäkköön heidän allaan.

Dumbledore astuu etäämmäs Valiosta, tutkailee tätä tarkasti, ja ojentaa kättään.

Kun Valio tarttuu käteen, Dumbledore kumartuu nostamaan hänet ylös ennen kuin pujahtaa tiehensä vilkkaalle kadulle. Valio katsoo hänen menoaan.

48 **EXT. SULJETTU U-BAHNIN SISÄÄNKÄYNTI – BERLIINI – SAMA AIKA – ILTA**

Näemme Liskon lähestyvän ja avaavan RUOSTEISEN SÄLEIKÖN lukon.

49 **INT. ERKSTAGIN VANKILA – BERLIINI – HETKEN PÄÄSTÄ**

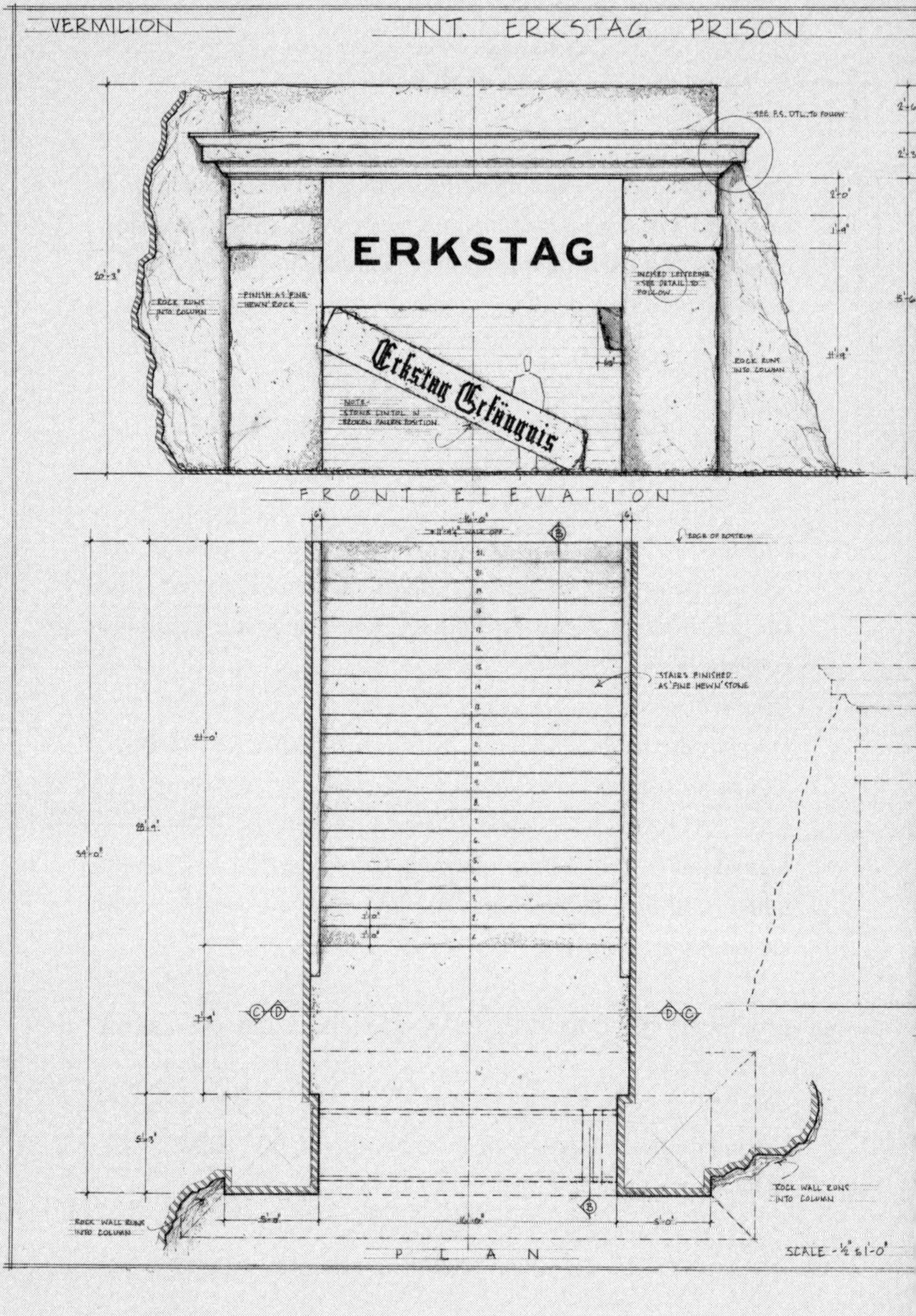

ERKSTAGIN VANKILAN JULKISIVU

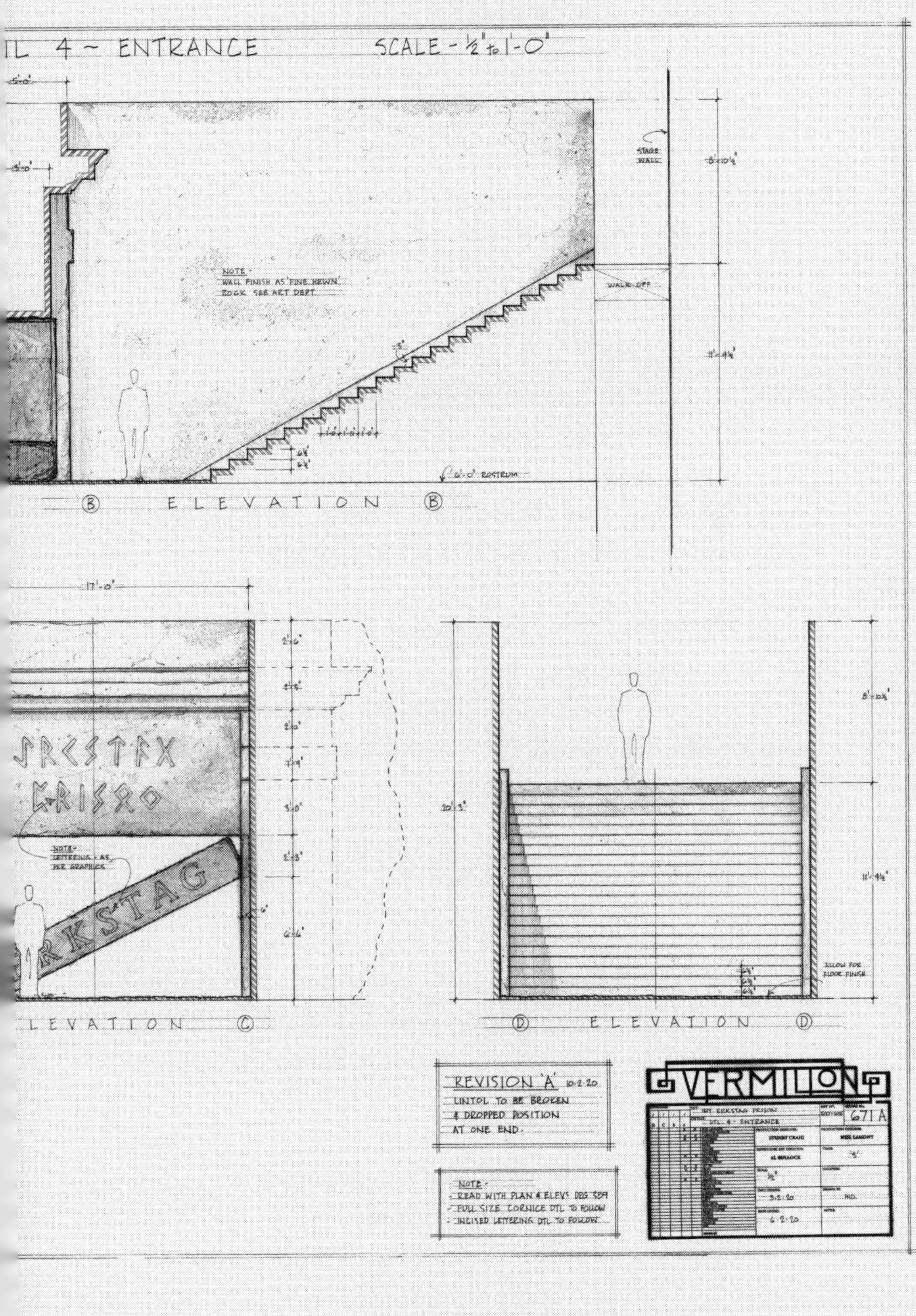
IL 4 ~ ENTRANCE
SCALE - ½" to 1'-0"
NOTE -
WALL FINISH AS 'FINE HEWN' ROCK SEE ART DEPT.
STAGE WALL
WALK-OFF
6'-0" ROSTRUM
B ELEVATION B
17'-0"
NOTE -
LETTERING AS PER GRAPHICS
ERKSTAG
ELEVATION C
ALLOW FOR FLOOR FINISH
D ELEVATION D
REVISION 'A' 10·2·20
LINTOL TO BE BROKEN
& DROPPED POSITION
AT ONE END.
NOTE -
- READ WITH PLAN & ELEVS DRG 309
- FULL SIZE CORNICE DTL TO FOLLOW
- INCISED LETTERING DTL TO FOLLOW
VERMILION
INT. ERKSTAG PRISON
DTL 4 - ENTRANCE
671 A
STUART CRAIG
AL BULLOCK
½"
5·2·20
6·2·20

LEPATTAVA KYNTTILÄ luo aavemaisen valon ruokkoamattomaan VANGINVARTIJAAN, joka on asemissa LOKEROSEINÄN edessä.

LISKO

Tulin tapaamaan veljeäni. Hänen nimensä on Theseus Scamander –

Kun Lisko kaivaa esiin Dumbledoren antamat PAPERIT, maailmaa nähnyt VALOKUVA Tinasta tipahtaa tiskille.

LISKO (JATK.)

Anteeksi, se on vain...

Silloin Lisko huomaa: Vanginvartijalla on Theseuksen solmio. Hän tuijottaa sitä hetken, sitten:

VANGINVARTIJA

Sauva.

Lisko kurtistaa kulmiaan, kaivaa takkiaan, tottelee vastentahtoisesti. Vanginvartija nousee kankeasti ja alkaa liikuttaa omaa sauvaansa Liskon päällä. Kun sauva liikkuu yhden taskun vierellä, kuuluu VINKAISU.

LISKO

Voi. Se on – olen taikazoologi...

Vanginvartija onkii taskusta Piketin.

LISKO (JATK.)

Se on aivan harmiton. Se on pelkkä...
lemmikki oikeastaan.

Piketti taivuttaa kaulaansa, katsoo ylöspäin kulmat kurtussa.

LISKO (JATK.)

Anteeksi.

Teddy työntää päänsä toisesta taskusta

LISKO (JATK.)

Se on Teddy – varsinainen painajainen, jos
totta puhutaan –

VANGINVARTIJA

Ne jäävät tänne.

Lisko luovuttaa otukset vastahakoisesti, katselee surkeana, kun Vanginvartija panee Piketin ja hänen sauvansa yhteen lokeroon ja Teddyn toiseen, mihin ei pulskan Teddyn lisäksi olisi muuta mahtunutkaan. Piketti VINKAISEE ANOVASTI.

Kuuluu KUVOTTAVAA LITINÄÄ, kun Vanginvartija upottaa kätensä ÄMPÄRIIN, jossa KIEMURTELEE TOUKKIA, poimii sieltä yhden, ravistaa sitä nyrkissään, missä se HYTISEE hetken

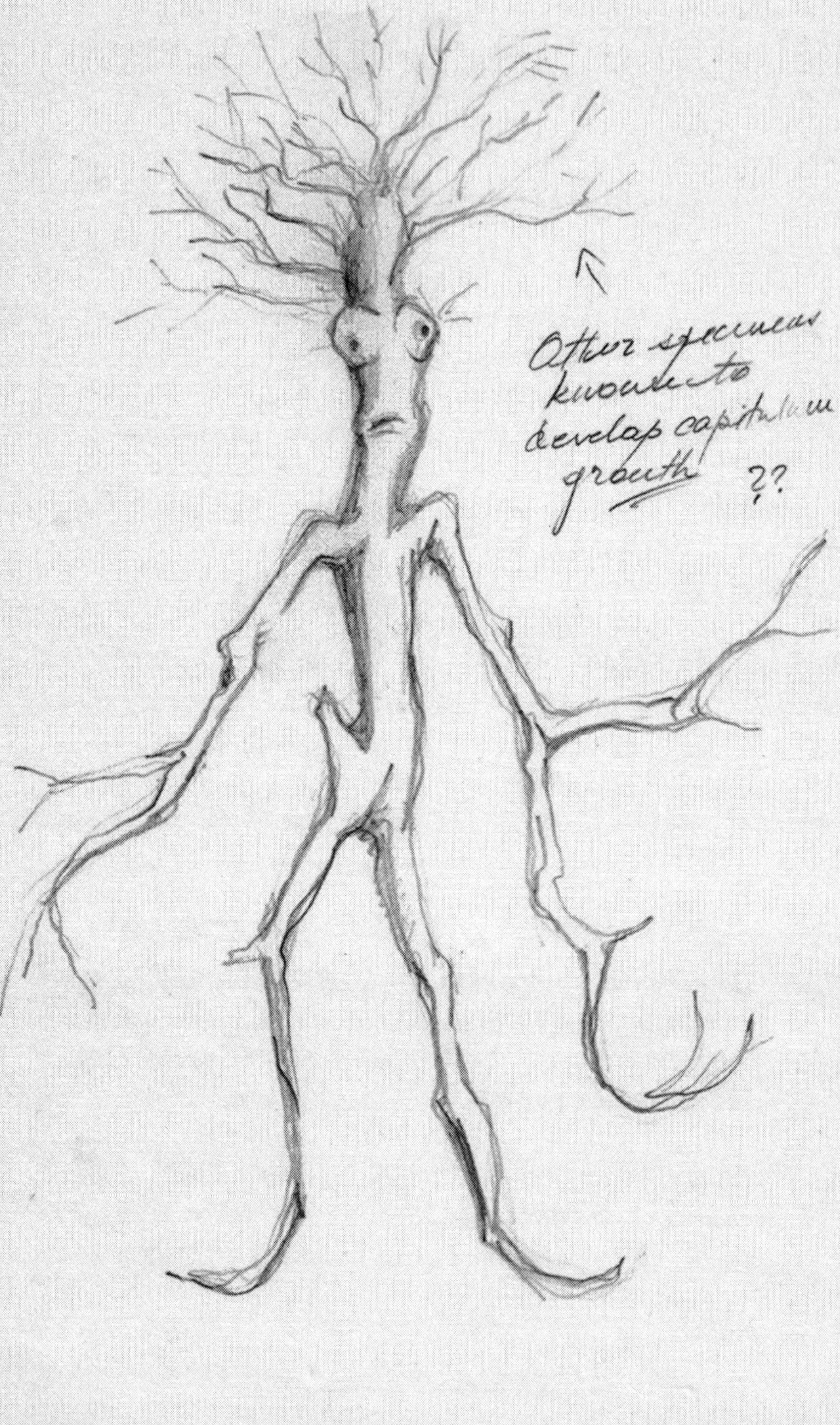
Other specimens
known to
develop capitulum
growth ??

LISKO SCAMANDERIN MUISTIKIRJAN PIIRROKSIA

ennen kuin muuttuu TULIKÄRPÄSEKSI. Hän panee sen pikkuiseen peltiseen LYHTYYN. Kun se lepattelee ympäriinsä, lyhty hehkuu himmeästi VÄRISEVÄÄ VALOA. Lisko ottaa lyhdyn käteensä ja silmäilee pimeää käytävää.

LISKO

Miten tiedän mistä löydän hänet?

VARTIJA

Hän on veljesi?

LISKO

Kyllä.

VARTIJA

Hän on se joka näyttää veljeltäsi.

Kun Lisko lähtee pois, Piketti tuijottaa hänen peräänsä.

LISKO

Minä palaan, Pike. Kunniasanalla.

Juuri ennen kuin pimeys nielaisee Liskon, hän kääntyy katsomaan taakseen.

VARTIJA

"Minä palaan, Pike. Kunniasanalla." Ja minusta tulee vielä taikaministeri.

Vanginvartija VIRNISTÄÄ JULMASTI. Teddy katselee kun Piketti näyttää vartijalle kieltä.

50 EXT. SAKSAN MINISTERIÖ – ILTA

Kadut ministeriön ympärillä kuhisevat nyt Grindelwaldin kannattajia, joiden kantamissa kylteissä on Grindelwaldin kuva, ja RUMPALIT hakkaavat kiihkeää rytmiä. Portaiden yläpäässä Helmut tarkkailee tilannetta ilmeettömänä.

51 INT. GRINDELWALDIN AUTO – YHTÄJAKSOINEN – ILTA

Grindelwald tuijottaa – kylmän lumoutuneena – NAAMOJEN NAURUTALOA tummennettujen lasien takana. Rosier istuu hänen vieressään.

Emme tarkenna enää kasvoihin. Sen sijaan lasissa häilyy KUVA, jonka vain Grindelwald näkee. Jacob taikasauva kädessään.

Rosier on nojautunut eteenpäin ja puhuu kuljettajalle.

ROSIER

Vie meidät takakautta. Täällä ei ole turvallista.

GRINDELWALD

(havahtuu)

Ei. Veivaa se auki.

GELLERT GRINDELWALDIN MONOGRAMMI KEULAKORISTEENA, MALLI

ROSIER

Mikä?

GRINDELWALD

Ikkuna. Veivaa se auki...

Käsi täristen Rosier kurkottaa ja RAOTTAA ikkunaa. Siinä samassa SORMET SORKKIVAT ja tökkivät autoon sisään ja ÄÄNET yltyvät VIMMAISIKSI. Grindelwald pysyy koko ajan tyynenä, silmät kiinni. Sitten, varoittamatta, hän NOSTAA oven kahvaa...

ROSIER

Ei! Ei!

Kun Grindelwald heittäytyy ulos kaaokseen, Rosier istuu kankeana.

52 EXT. SAKSAN MINISTERIÖ – YHTÄJAKSOINEN – ILTA

Vilkutellen kuin roomalainen raatimies Grindelwald antaa kiihkomielisten kannattajiensa virran kuljettaa hänet portaita ylös.

53 INT. PARVEKE YLÄPUOLELLA – SAKSAN MINISTERIÖ – SAMA AIKA – ILTA

PITKÄ BRITTINOITA seisoo RANSKALAISEN MINISTERIN (VICTOR), Fischerin ja Vogelin kanssa katselemassa kasvavaa väenpaljoutta.

VOGEL

Nuo eivät *ehdota,* että kuuntelisimme heitä. He eivät *pyydä* meitä kuuntelemaan. He *vaativat* sitä.

BRITTINOITA

Ette te suinkaan tarkoita, että sen miehen sallittaisiin asettua –

GRINDELWALDIN VAALIMATERIAALIA

VOTE
Gellert
GRINDELWALD
FOR
SUPREME MUGWUMP
INTERNATIONAL
CONFEDERATION
OF WIZARDS
BEHOLD THE INSIGNIA OF THE GREATER GOOD

VOGEL

Kyllä! Antaa hänen asettua!

Alhaalla Rosier, valkoinen kuin aave, astuu ulos autosta ja katselee kun Grindelwald liikkuu väkijoukossa.

BRITTINOITA

Gellert Grindelwald tahtoo sodan jästien ja velhojen välille! Jos hän saa tahtonsa läpi, hän ei tuhoa vain heidän maailmaansa, hän tuhoaa myös omamme.

VOGEL

Siksi hän ei voi voittaa! Antaa hänen asettua ehdokkaaksi. Antaa ihmisten äänestää. Kun hän häviää, kansa on puhunut. Mutta jos heitä ei kuunnella.... tuolla kadulla virtaa veri.

Toiset katsovat alas, näkevät Grindelwaldia kannettavan väkijoukon käsivarsilla ministeriön portaita ylös.

54 INT. KÄYTÄVÄ – ERKSTAGIN VANKILA – ILTA

Pieni lepattava valotäplä lähestyy. Kun se tulee lähemmäs, näemme Liskon. Hän pysähtyy.

LISKO

Theseus!

Pientä liikettä kuuluu ympäröivistä varjoista.

Lisko kumartuu, heilauttaa lyhtyä. Pikkuinen rapumainen olento – MANTIKORINPOIKANEN – kipittää näkyviin. Nähdessään Liskon se heiluttaa raajojaan. Se on – sitä ei kerta kaikkiaan voi kiistää – hurmaava.

Lisko ei vaikuta lainkaan ihastuneelta. Hän katselee, miten toinenkin mantikorinpoikanen tulee esiin, sitten seuraava, kohta taas yksi. Yksi tähyilee ylöspäin, paljastaa HAMPAAT. Ei hurmaava.

Lisko perääntyy keskusaulaan, jalat ison kuilun reunalla. Hän katsoo alas valtavaan, pimeään aukkoon. Jokin liikahtaa alhaalla varjoissa.

Lisko ottaa yhtäkkiä kummallisen rapumaisen asennon. Mantikorinpoikaset matkivat häntä.

55 **INT. JUHLASALI – SAKSAN MINISTERIÖ – ILTA**

Hummerilautasellisia kuljetetaan pöytiin. Lally on istuutunut ja haravoi katseellaan huonetta, huomioi pöydät, joissa Liu ja Santos istuvat, ja arvioi heitä kiertelevien ASTIANKERÄÄJIEN ja TARJOILIJOIDEN aiheuttamaa uhkaa. Yksi TUMMASILMÄINEN TARJOILIJA tulee yhä uudestaan Lallyn näkösälle.

Kun Jacobin PIKARI täyttyy taialla viinistä, hän kohottaa sen ja – pantuaan merkille huoneen toisesta laidasta innokkaasti vilkuttavan Edithin – kohottaa lasiaan tervehdykseksi. Sitten hän huomaa Edithin vasemmalla puolella ARVOKKAAN NÄKÖISEN VELHON, jolla on iso, tuuhea tukka.

JACOB

Lally. Tuo tukkatyyppi. Istuu Edithin vieressä. Hän näyttää siltä, että voisi tappaa jonkun. Hän näyttää myös minun Dominic-sedältäni.

LALLY

(katsoen)

Onko Dominic-setäsi Norjan taikaministeri?

JACOB

Ei.

LALLY

Niin oletinkin.

Lally hymyilee. Sitten, äkkiarvaamatta, huoneen energia muuttuu ja Grindelwald seurueineen saapuu paikalle juhlatunnelmissa. Tukka pystyssä, takki rypyssä Grindelwald näyttää rempseän aidolta salissa, jossa niin moni on olevinaan itseään hienompi. Hän kääntyy KOTITONTTUKVARTETTIIN päin tilaten musiikkia.

JACOB KOWALSKI, PUVUSTUSSUUNNITELMA

Hän liikkuu huoneen poikki, perässään Rosier, Queenie, Kama, Carrow, Zabini ja akolyytit.

Kun Queenie kulkee ohi, Jacob nousee.

JACOB

Queenie... Queenie.

Queenie tietää, että Jacob on siinä, mutta ei ole huomaavinaan häntä.

GRINDELWALD

(hoksatessaan Santosin)

Rouva Santos. Tämä on ilo. Kannattajanne kuulostavat hyvältä.

SANTOS

(teräksinen hymy)

Kuten myös teidän, herra Grindelwald.

Grindelwald rakentaa hymyn.

56 **INT. KAUKAINEN KÄYTÄVÄ – ERKSTAG – ILTA**

Theseus roikkuu jaloistaan pienessä sellissä. Kun ALKAA KUULUA KALINAA, hän tiiraa käytävälle, katselee kun Lisko tulee näkyville jonkinlaista sivuttaista saksikävelyä kannoillaan SATOJA MANTIKORINPOIKASIA, jotka kaikki näyttävät matkivan häntä.

THESEUS

Tulit pelastamaan vai?

LISKO

Sellainen oli ajatus.

THESEUS

(Liskon saksikävelystä)

Varmaankin tuo – mitä sitten teetkään – on olennaista?

LISKO

Käytän tekniikkaa nimeltään limbinen matkiminen. Se hillitsee väkivaltaista käytöstä. Teoriassa. Olen kokeillut sitä vain kerran aikaisemmin.

THESEUS

Entä tulokset?

LISKO

Eivät vakuuttaneet. Koe sitä paitsi tapahtui laboratoriossa ja olosuhteet olivat tiukoin säädellyt, kun taas tällä hetkellä olosuhteet ovat totta kai oikukkaammat, jolloin lopullista tulosta on vaikeampi ennakoida.

LISKO ei ole seuraihminen. Hän on rennompi otustensa parissa. Hän ei ole luontaisesti hyvä kuulumaan ryhmään eikä oikein sopeutunut kouluun. Itse asiassa hän sai lopulta potkut! Kun taas Theseus on paljolti sankarikoululainen, joka on löytänyt paikkansa ministeriössä, ollut myös sotasankari, omaa fyysistä auktoriteettia ja osaa olla ihmisten kanssa niin miten Lisko ei kerta kaikkiaan osaa. He siis ovat oikeastaan kuin yö ja päivä, ja kuitenkin koska heidän on tässä elokuvassa työskenneltävä yhdessä, he alkavat tajuta täydentävänsä toisiaan aika hyvin.

– EDDIE REDMAYNE

(Lisko Scamander)

THESEUS

Lopullinen tulos varmaankin olisi eloonjäämisemme.

Lisko ei hievahdakaan, koska alhaalta pimeydestä nousee valtava LONKERO. Theseus ja Lisko tuijottavat hätääntyneinä toisiaan. Lisko kääntyy varovaisesti lonkeron suuntaan, se tutkii häntä hetken, sitten Theseuksen sellin viereisen sellin valo lepattaa sammuksiin.

Lonkero perääntyy takaisin alas ja jättisuuri skorpionin pyrstöä muistuttava lonkero syöksyy nyt pimeään selliin, ottaa sieltä koteloituneen otuksen ja vetää sen alas kuiluun. Tauko. Sitten:

Otus lentää kuin KATAPULTISTA takaisin pimeydestä ja laskeutuu LÄTSÄHTÄEN alle metrin päähän. Lisko kohottaa lyhtyään ja näkee, että otus on suolistettu ravinnoksi mantikoriparvelle, joka törmäilee nyt herkuttelemaan. Lisko tarttuu tilaisuuteen ja hivuttautuu selliin, alkaa kynsiä auki kuituista narua, jolla Theseuksen nilkat on sidottu.

Lisko kynsii vielä viimeiset säikeet, ja Theseus putoaa maahan.

THESEUS (JATK.)

Hyvää työtä.

Veljekset astuvat ulos sellistä ja näkevät edessään valtavan määrän mantikoreja, jotka tukkivat heidän tiensä ulos.

THESEUS (JATK.)

Ja suunnitelma on?

LISKO

Pitele tätä.

Hän ojentaa lyhdyn Theseukselle. Hän nostaa kätensä suun eteen ja VIHELTÄÄ OUDOSTI, ääni on samantapainen kuin kukkopillissä.

57 INT. ERKSTAGIN VANKILA – SAMA AIKA – ILTA

Kun Vanginvartija KUORSAA jalat ylhäällä, Piketti avaa lokeronsa lukon ja sitten oven.

58 INT. ERKSTAG – SAMA AIKA – ILTA

THESEUS

Mitä hittoa varten tuo oli?

LISKO

Tarvitsemme apua.

Lisko ottaa TANSSIJAMAISEN limbisen matkinnan asennon. Mantikorinpennut toistavat asennon välittömästi.

LISKO (JATK.)

Tee perässä.

ERKSTAG-KOHTAUS on kokonaan valaistu lyhdyillä, joista jokaisessa on tulikärpänen. Ja sanotaan, etteivät mantikorit oikein pidä niistä, joten niitä roikkuu jokaisen sellin edessä. Kun lyhty sammuu, mantikori hyökkää. Eli heti kun näet ötökkäsi kuolevan, tiedät kuolevasi itse, koska mantikorit tulevat lävistämään sinut.

– CHRISTIAN MANZ

(visuaaliset tehosteet)

(tauko)

Tee nyt.

Theseus ottaa samanlaisen asennon, ja Lisko ja Theseus alkavat ketkutella poispäin.

LISKO (JATK.)

Sinä et ketkuttele kunnolla. Ketkuttele, ketkuttele, mutta nätisti.

THESEUS

Minä ketkuttelen samalla lailla kuin sinä, Lisko.

LISKO

Et minun mielestäni.

Heidän välissään, toinen VALO sellin edessä sammuu, ja saksikynsi nousee ja ottaa taas yhden ötökän.

THESEUS

Ketkuttele.

59 INT. JUHLASALI – SAKSAN MINISTERIÖ – ILTA

Queenie istuu hiljaa. KYYNEL valuu hänen silmästään niin, ettei kukaan pöytäseurueesta näe sitä.

Jacob tuijottaa häntä tiiviisti huoneen toiselta puolelta. PIDÄMME KUVAN heissä, toisiinsa uppoutuneissa, ympäröivä maailma on merkityksetön ja haalistuu, kunnes...

GRINDELWALD

Mene hänen luokseen.

Queenie hätkähtää, huomaa Grindelwaldin kumartuneen liki. Grindelwald nyökkää Queenien olan yli sinne, missä Valio norkoilee oven lähellä. Queenie nousee...

GRINDELWALD (JATK.)

Queenie. Sano hänelle, että ei haittaa. Näen että hän on epäonnistunut. Hän saa toisen tilaisuuden. Hänen uskollisuuttaan minä arvostan eniten.

Grindelwaldin katse on tiukasti Queenien katseessa. Queenie nyökkää, erkanee Grindelwaldista, lähtee liikkeelle.

UUSI KUVAKULMA – LALLY

Lally katselee, kun Queenie kävelee salin poikki. Jacob seisoo Queenien kävellessä ohi, mutta Queenie on tiukkana – näemme että se on hänelle nyt vaikeaa – eikä ole taas huomaavinaan häntä. Jacob, murentuneena, istuu takaisin.

Lally katsoo Grindelwaldiin. Rosier tulee saliin Tummasilmäisen Tarjoilijan kanssa. Hän kuiskaa jotain tälle. Tummasilmäinen Tarjoilija pysähtyy, sitten lähtee Santosin pöytää kohti.

Lally alkaa seurata, miten Tummasilmäinen Tarjoilija kulkee salin poikki kädessään lasillinen rubiininpunaista nestettä. Nakattuaan lautasliinansa pois Lally nousee, kääntyy lähtiessään Jacobiin päin.

LALLY

Pysy siinä.

Jacob kulauttaa taas lasillisen viiniä.

Lally tunkeutuu tarjoilijoiden ohi ja puikkelehtii astiankerääjien väleistä.

LALLY (JATK.)

Pahoitteluni.

Lally katselee kun Tummasilmäinen Tarjoilija siirtyy lähemmäs Santosia...

...Tummasilmäinen Tarjoilja nojautuu Santosin puoleen, asettaa lasin pöydälle. Lally lähestyy, mutta kaksi henkivartijaa pysäyttää hänet.

JACOB

Voi pojat...

Jacob lähestyy Grindelwaldin pöytää kuin kävelisi keinuvalla laivalla.

Kun Santos kohottaa lasinsa, rubiininpunainen neste kohoaa uhkaavasti ilmaan. Lally lähettää huomiota herättämättä loitsun, ja Santosin lasin yläpuolella häälyvä neste ampaisee pois arvovieraspöydästä, osuu puiseen oveen ja syövyttää sen.

Kun Jacob saapuu pöytään, Grindelwald, joka vasta nyt havaitsee hänet, silmäilee häntä lempeästi.

JACOB

Päästäkää hänet.

GRINDELWALD

Anteeksi?

Jacob vetää taikasauvansa.

NORJALAINEN MINISTERI

Salamurhaaja!

Lally kääntyy, katsoo epäuskoisena taakseen Jacobin pitäessä nyt käsiään ylhäällä.

HUUSH! Lally heilauttaa taas sauvaansa ja Jacobin sauvakäsi työntyy pystysuorassa ylöspäin. Tornadomainen PYÖRRE valtaa salin, on kuin salin koko sisältö olisi nakattu tehosekoittimeen.

Lally laukaisee nopeasti taas loitsun, sitoo henkivartijan kengännauhat yhteen.

Vieraat pakenevat, kun joka ainoa kattokruunu TÄRISEE ja seinävaatteet hulmuavat, pöytäliinat sinkoilevat sinne tänne ja lautasliinat lentelevät kuin kyyhkyset.

HAHMON voi aistia – siihen viittaa SUMEUS jonkin matkan päässä. Kun Jacobin silmät tottuvat, TARKENNAMME ja näemme, että HAHMO on…

Queenie.

Hän seisoo samalla tapaa kuin Jacob, sekasorron keskellä, tuijottaa Jacobia. Heidän katseensa kohtaavat…

….kun Queenie alkaa liukua näkyvistä, sillä Kama kiskoo häntä.

Helmut ja hänen aurorinsa saapuvat paikalle.

Queenie, juuri ennen katoamistaan, HEILAUTTAA omaa sauvaansa ja lähettää tuolin viilettämään kohti Helmutia, niin että tämä ei hetkeen näe Jacobia.

Lally vetää kirjansa esiin ja heittää sen ilmaan. Hän pudottaa kattokruunun Helmutin ja tämän aurorien päälle samalla kun sivut selautuvat ja muodostavat portaikon. Jacob kääntyy ja nousee vauhdilla portaita Lallyn juostessa samaan aikaan vastakkaisesta suunnasta niin ikään kirjan sivujen päällä, laukoen koko ajan loitsuja aurorien suuntaan.

Helmut ampuu liekehtivän räjähdyksen, sytyttää portaat tuleen Jacobin rientäessä Lallya kohti. HUUSH! Kirja imaisee heidät.

60 **INT. ERKSTAGIN VANKILA – SAMA AIKA – ILTA**

Vanginvartija PUHAHTAA, hänen tuolinsa kallistuu taaksepäin. Teddy – kimmeltävän solmion toinen pää hampaittensa välissä – luistelee eteenpäin, sen pikkuisten jalkojen anturat VINKUVAT pöydän pintaa vasten.

Ylhäällä Piketti tasapainottelee vaarallisen näköisesti yhden lokeron reunalla, tavoittelee Liskon sauvaa.

ALHAALLA Vanginvartija herää, tuoli asettuu jaloilleen. Sitten...

Tuoli kaatuu taaksepäin, kun solmio on viimein irti kaulasta ja Vanginvartija rämähtää kuin kaadettu puu, PAISKAUTUU lokeroita päin niin että Piketti sinkoutuu ilmaan.

Teddy hyppää ylös, ei välitä ilmassa kohtaamastaan Piketistä, nappaa pari putoavaa kolikkoa ennen kuin tömähtää lattiaan.

VIHELLYS kajahtaa taas.

61 INT. SELLIOSASTO – ERKSTAG – SAMA AIKA – ILTA

Valo Liskon kädessä vilkkuu päälle ja pois. Yhtäkkiä kuulemme rusahduksen, ja Theseus pysähtyy.

Mantikorinpoikaset seisahtuvat äkisti tuijottamaan. Theseus katsoo alas ja nostaa sitten hitaasti, varovaisesti, oikean jalkansa, jonka alle näemme yhden mantikorinpoikasen liiskaantuneen.

Theseus katsoo Liskoa.

Samalla hetkellä Theseuksen lyhdyn valo sirisee sammuksiin, he jäävät pimeyteen ja mantikorinpoikaset pinkovat pois.

VALTAVA lonkero nousee ylös, valmistautuu hyökkäykseen.

Kuin yhtenä veljekset pakenevat, kynsi iskee sellin seinään aivan lähelle heitä.

Lisko ja Theseus syöksyvät käytäviä pitkin, mantikorin pyrstö ja lonkerot viuhuvat, LUIKERTELEVAT, mäiskivät ja paiskovat tulenleimahduksia heidän peräänsä jäljessään itse JÄTTIMANTIKORI, joka pusertuu raoista, saa melkein kiinni.

Theseus kaartaa oikealle ja juoksee vaarallisesti reunalla raivoisan mantikorin lähestyessä uhkaavasti. Pedon silmät, kynnet, raajat huitovat hänen suuntaansa ennen kuin hän kompastuu vasemmalle väistäen niukin naukin raajan, joka oli lävistää hänet.

Lisko ja Theseus osuvat yhteen ja syöksyvät eteenpäin samalla kun katto sortuu heidän takanaan ja jättimantikori jää ansaan.

Theseus huokaisee helpotuksesta juuri ennen kuin yksi mantikorin lonkeroista luikertaa hänen vyötärönsä ympärille ja alkaa raahata häntä pois. Lisko syöksyy epätoivoissaan perässä, kahmaisee kiinni veljestään.

Heitä kohti säntää Teddy – Theseuksen solmio hampaittensa välissä, Piketti selässään kuin cowboy – mukanaan Liskon taikasauva. Vanginvartija laukoo taikoja heidän peräänsä, osuu Teddyyn ja paiskaa Piketin ilmaan Liskon taikasauvan kanssa.

Lisko pitää kiinni Theseuksesta, kun jättimantikori riuhtoo tätä kuilua kohti. Piketti putoaa jaloilleen Liskon sauvan kanssa.

Lisko näkee Piketin, sieppaa taikasauvansa, ja Piketti ottaa nopeasti kiinni hänestä. Lisko heittää loitsun Teddyn suuntaan...

LISKO

Tulejo!

...joka kohoaa ilmaan ja kierii heitä kohti.

LISKO (JATK.)

Kiinni solmiosta!

He alkavat vieriä kuiluun.

...Ja ovat poissa.

Vanginvartija naureskelee itsekseen, kunnes hänen lyhtynsä valo alkaa lepattaa ja sammuu. Hän katsoo hätääntyneenä musteiseen pimeyteen.

62 EXT. METSÄINEN ALUE – YHTÄJAKSOINEN – SEURAAVA AAMU

Lisko ja Theseus rysähtävät tiheikön läpi ja laskeutuvat tömähtäen sammaleiseen maahan. Yltäpäältä lehdissä he nousevat ylös, pitävät yhä toisiaan kädestä kiinni.

Theseus työntää mantikorin lonkeron vyötäisiltään. Se luikertelee järven suuntaan.

LISKO

Se oli porttiavain.

Theseus antaa Teddyn, joka yhä pitää kiinni solmiosta, Liskolle.

THESEUS

Joo.

LISKO

(Piketille ja Teddylle)

Hyvin toimittu, kumpainenkin.

Lisko ja Theseus tulevat esiin puiden lomasta ja katselevat kimmeltävää järveä. Järven takana kohoaa LINNA. Teddy ja Piketti kurkistavat Liskon taskusta. Piketti KUJERTAA ilosta.

Tylypahka.

Linnan yläpuolella HUISPAAJA jahtaa KULTASIEPPIÄ.

63 INT. SUURI SALI – TYLYPAHKA – HETKEN PÄÄSTÄ – AAMU

Lally istuu oppilaiden kanssa aamiaisella.

LALLY

Kukaan ei kysynyt minulta, mutta suosittelisin vahvasti loitsujen opiskelua.

Lisko ja Theseus astuvat sisään.

LISKO

Lally.

LALLY

Mikä teitä viivytti?

TYLYPAHKA ULKOA, KUVAUSPAIKKAMALLINNUS

LISKO

Tuli vähän mutkia matkaan. Miten teillä meni?

LALLY

Tuli vähän mutkia matkaan.

Hän ojentaa Liskolle Päivän Profeetan. Theseus kurkistelee Liskon olan takaa. Etusivulla on VALOKUVA Grindelwaldista ja Jacobista ja niiden yläpuolella OTSIKKO HUUTAA:

MURHANHIMOINEN JÄSTI!

THESEUS

Yrittikö Jacob murhata Grindelwaldin?

LALLY

Se on... pitkä tarina.

Jacob istuu tupapöydässä muutaman oppilaan kanssa. Hän esittelee heille taikasauvaansa.

PUNATUKKAINEN KORPINKYNSI

Onko se oikeasti käärmepuuta?

JACOB

On, se on oikeasti käärmepuuta.

THE WIZARD WOLRD'S BEGUILING BROADSHEET OF CHOICE

BRINGING NEWS TO THE WIZARDING WORLD SINCE 1743

THE DAILY PROPHET

£1/4

PRINTED IN GREAT BRITAIN

LONDON. VENUS IN PISCES · 1932

BREAKING NEWS - BERLIN SPECIAL - BREAKING NEWS

MURDEROUS MUGGLE!

EXCLUSIVE

EDITORIAL by UMUS FILHOUS

MAYHEM AT GERMAN MINISTRY OF MAGIC

GRINDELWALD ESCAPES ATTACK

BREAKING NEWS by M. CARNEIRUS

LIU TAO AND VICÊNCIA SANTOS UNITED AGAINST GRINDELWALD

MUGGLE'S FANTASTICAL ACCOMPLICES!

EXCLUSIVE

BRAZILIAN WIZARDS

ENCHANT THE EUROPEAN WIZARDING COMMUNITY

POTIONS

WARDOUR ST SCANDAL!

FRENCH POTION-MAKER TRAPPED IN THE ATTIC

1

2

3

OBSCURUS BOOKS

LATEST CATALOGUE NOW AVAILABLE!

SEND A SELF STAMPED OWL TO RECEIVE YOUR COPY TODAY

MOON CALENDAR

ASK D. SHAMAN

UNRAVELLING YOUR INNERMOST CONUNDRUMS

WEDNESDAYS AND SUNDAYS

National Weather

Zodiac Aspects

NEXT WEEK

ELECTION SPECIAL

ALL YOU NEED TO KNOW!

NEXT WEEK

MORNING

FINAL

DIAGON ALLEY · LONDON

GREAT BRITAIN

SPELLS

HOCUS-POCUS

GOOD NEWS

BAD NEWS

POLITICS

ARTS AND FARTS

BLAHBLAHBLAH

LETTERS OR VIBES TO THE EDITOR SHOULD BE SENT ONLY BY OWL POST AND WITH A CLEAR MIND TO THE DALY PROPHET · DIAGON ALLEY

MURDEROUS MUGGLE!

GRINDELWALD ESCAPES ATTACK

NEWS BREAKING NEWS

UNITED AGAINST GRINDELWALD

ALUSTAVA GRAFIIKKA *PÄIVÄN PROFEETAKSI*, TILAA JÄTETTY JACOB KOWALSKIN JA GRINDELWALDIN LIIKKUVILLE KUVILLE

PIENI TOISLUOKKALAINEN NOITA nojautuu lähemmäs.

PIENI NOITA

Saanko minä…?

Hän ojentaa kättään sauvan suuntaan.

JACOB

Ehei. Se on hyvin vaarallinen – se on hyvin voimallinen. Se on harvinainen, jos se joutuu vääriin käsiin – se voi kuule tehdä pahaa jälkeä.

NOITA

Mistä sinä sait sen?

JACOB

Sain sen joululahjaksi.

LALLY (O.S.)

Jacob! Katso ketkä löysin.

Jacob kääntyy ja näkee Lallyn, Liskon ja Theseuksen.

JACOB

Hei! Velhoystävänihän siinä.

(lapsille)

Lisko ja Theseus. Olemme näin läheisiä.

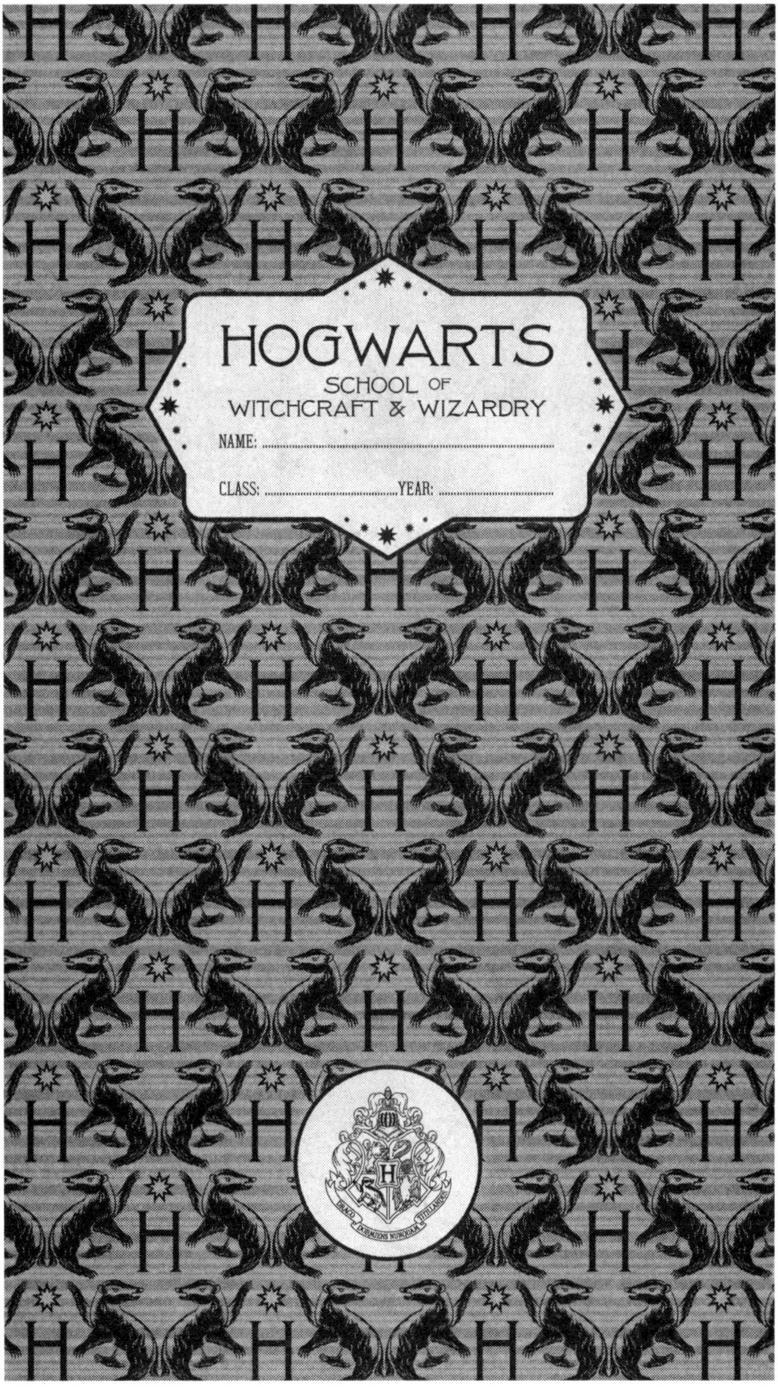

PUUSKUPUHIN VIHKON KANSI

Jacob panee etu- ja keskisormensa ristiin ja työntää peukalon pystyyn.

JACOB (JATK.)

Ja minä olen tämä. Täytyy mennä. Hyvä on, pitäkää hauskaa. Älkää tehkö mitään mitä minä en tekisi.

Kun Jacob tulee muiden luo.

JACOB (JATK.)

Voitteko käsittää tätä paikkaa, täällä on tuopin kokoisia noitia ja velhoja yltympäriinsä.

THESEUS

Oho. Olisiko noin?

JACOB

(Liskolle)

Minä olin se salamurhaaja.

LALLY

Lisko ja Theseus ovat kumpikin käyneet Tylypahkan.

JACOB

Ai. Tiesin sen. No, täällä ollaan tosi kivoja minulle. Luihuisen pojat tuolla, he antoivat nämä. Ovat herkullisia, kuka tahtoo?

Jacob kaivaa rasian taskustaan ja kaataa TUMMAN MÖYKYN suuhunsa, tarjoaa muillekin.

LISKO

En ole koskaan oikein tykännyt torakkatertuista. Mutta parhaat saa kaiketi Hunajaherttuasta.

Kun Jacob kalpenee, Luihuisten PORUKKA REMAHTAA NAURUUN. He jatkavat salin perälle. Toiset kääntyvät katsomaan McGarmiwaa, joka ohjaa oppilaita pois. Dumbledore lähestyy.

THESEUS

McGarmiwa. Albus.

DUMBLEDORE

Hyvää työtä. Kaikilta. Hyvää työtä. Onnitteluni.

THESEUS

Onnittelusi?

MINUSTA tuntuu, että Tylypahkassa Dumbledoren olo on kotoisin. Se on hänen turvapaikkansa maailmassa.

– JUDE LAW

(Albus Dumbledore)

TÄSSÄ elokuvassa Dumbledore näyttää hivenen hienostuneemmalta kuin aikaisemmissa, erityisesti asujen kankaiden ja muiden materiaalien osalta. Runsas tweedin käyttö puvustuksessa välittää ajatuksen ylellisyydestä ja mukavuudesta, ja erittäin pehmeät harmaan sävyt ohjaavat kohti laventelia, jota hän myöhemmin käyttää Potter-elokuvissa.

– COLLEEN ATWOOD

(puvustussuunnittelija)

ALBUS DUMBLEDORE, PUVUSTUSSUUNNITELMA

TRANSFIGURATION TODAY

2/6

EDITION 5948

THE MAGAZINE THAT CHANGES LIVES

TRANSFIGURATION MASTERMINDS OF TOMORROW

A LOOK AT THE TOP WIZARDING STUDENTS OF HOGWARTS AND BEYOND...

Aliquam felis tellus lobortis eget ante sit amet pharetra fermentum massa. Pellentesque bibendum mi a erat eleifend, non interdum nisi pharetra. Etiam pretium odio nec malesuada consectetur. Nullam sed gravida enim, in eleifend augue. Quisque sit amet lorem feugiat, mollis mauris in, ultrices velit. Nullam luctus facilisis purus et egestas. Pellentesque mattis egestas lectus, vel viverra lectus vulputate vitae. Aenean ipsum diam, convallis ac porttitor vel, luctus ut lectus. Proin sagittis sagittis purus, sed vehicula urna tempus eu. Ut porta risus dolor, sit amet porta felis lobortis eu. Aliquam erat volutpat. Suspendisse laoreet Sed mauris velit, dignissim ac sollicitudin tincidunt, varius eu metus. Suspendisse purus sem, sollicitudin vitae ante at, eleifend mattis magna. Maecenas luctus odio nec arcu ullamcorper, eget mollis ligula dictum. In ultricies velit iaculis porta tincidunt. lectus enim posuere purus, ut congue est metus sed velit. Sed bibendum at mi vel congue. Integer vel nisi vitae odio pretium feugiat in vel diam. Nunc hendrerit arcu sit amet leo pretium, nec vestibulum lorem elementum. as vel vestibulum elit. vitae nibh. Duis turpis neque, egestas congue diam eu, iaculis convallis lacus. Nunc laoreet ullamcorper sapien Quam in purus auctor dapibus. Maecenas in elit dignissim, pulvinar dui et, imperdiet est. Aenean facilisis urna et dolor euismod. Donec velit urna, vestibulum et consectetur id, porttitor pellentesque justo. Cras placerat quam vehicula vulputate auctor. Nulla porta augue sit amet justo interdum egestas. Ut hendrerit tortor et leo scelerisque, porta tincidunt leo blandit. Quisque aliquam, orci et fringilla consequat, nibh ipsum faucibus ex, sed dapibus dui orci at nibh. Integer pretium nisi vel nunc blandit, ut posuere nunc ornare. Suspendisse et lacus massa. Morbi sodales sem vestibulum est condimentum.

CONTINUES ON................................ PG.4

TRY THESE TIPS TO STREAMLINE Your SPELLS

.... PG.7

SARDINE HEX GOES HORRIBLY WRONG...

.... PG.21

'OUT OF THIN AIR' DISCOURSE IN CONJURATION

In cursus dapibus mattis. Duis consequat id urna vitae ornare. Etiam tellus urna, hendrerit a tellus quis, semper pretium nulla. In hac habitasse platea dictumst. Praesent viverra a purus ut cursus. Suspendisse id tincidunt libero, at dictum nisl. Phasellus non neque imperdiet, fermentum ipsum sit amet, interdum quam. Etiam vehicula eleifend nibh. Quisque sit amet eros a velit cursus dapibus. Nulla turpis elit, blandit id ullamcorper sed, placerat ac ipsum. Pellentesque facilisis lectus at euismod vehicula, eros ligula pretium ligula, sed varius dolor orci ut nibh. Vestibulum sem lacus, pellentesque ac euismod eget, facilisis maximus orci. In id tristique lacus, a viverra mauris. Ut convallis nisi sit amet blandit feugiat, magna arcu aliquet enim, vel tempor orci est quis erat. Donec ac vulputate ante. In et nisl nisl. Vestibulum congue ex in sagttis posuere. Nullam posuere tortor et diam porta gravida.

CONTINUES ON..... PG.14

JOIN THE DISCUSSION: GAMP'S LAW TO BE LOOSENED ?

Sed mauris velit, dignissim ac sollicitudin tincidunt, varius eu metus. Suspendisse purus sem, sollicitudin vitae ante at, eleifend mattis magna. Maecenas luctus odio nec arcu ullamcorper, eget mollis ligula dictum. In ultricies velit iaculis porta tincidunt, lectus enim posuere purus, ut congue est metus sed velit. Sed bibendum at mi vel congue. Integer vel nisi vitae odio pretium feugiat in vel diam. Nunc hendrerit arcu sit amet leo pretium, nec vestibulum lorem elementum. as vel vestibulum elit. vitae nibh. Duis turpis neque, egestas congue diam eu, iaculis convallis lacus. Nunc laoreet ullamcorper sapien Aliquam felis tellus, lobortis eget ante sit amet pharetra fermentum massa. Pellentesque bibendum mi a erat eleifend, non interdum nisi pharetra. Etiam pretium odio nec malesuada consectetur. Nullam sed gravida enim, in eleifend augue. Quisque sit amet lorem feugiat, mollis mauris in, ultrices velit. Nullam luctus facilisis purus et egestas. Pellentesque mattis egestas lectus, vel viverra lectus vulputate vitae. Aenean ipsum diam, convallis ac porttitor vel, luctus ut lectus. Proin sagittis sagittis purus, sed vehicula urna tempus eu. Ut porta risus dolor, sit amet porta felis lobortis eu.

CONTINUES ON................................ PG.9

ESSAYS on REPARIFARGE

13 NEW SPELLS TO TRY ON THE FAMILY CAT

..... PG.17

ALBUS DUMBLEDORE PRESENTS THEORY & PRACTICE IN 20TH CENTURY TRANSFIGURATION

Print
By ML Pres

ALUSTAVA GRAFIIKKA *MUUTOSTEN TAIKAKAUSLEHDEN* ETUSIVUKSI

DUMBLEDORE

Todellakin. Professori Landen onnistui estää salamurha. Ja te olette elossa ja voitte hyvin. Se, ettei kaikki sujunut suunnitelman mukaan, oli se suunnitelma.

LALLY

Vastanäyn alkeet.

THESEUS

Albus. Anteeksi, mutta emmekö ole palanneet lähtöruutuun?

DUMBLEDORE

Tosiasiassa väittäisin, että tilanne on pahan kerran huonompi.

(Lallylle)

Et ole tainnut kertoa heille?

Theseus ja Lisko kääntyvät Lallyyn päin.

LALLY

Grindelwaldin on sallittu asettua ehdokkaaksi.

THESEUS/LISKO

Mitä! Miten!

DUMBLEDORE
Koska Vogel valitsi helpon oikean sijaan.

Dumbledore heilauttaa sauvaansa ilmassa, piirtää KUVIA VUORISTA ja LAAKSOISTA kuin katutaiteilija. Kuvat alkavat AINEELLISTUA savusta heidän ympärillään ja sitten hiljalleen muuntua kauniiksi maisemaksi. Toiset tuijottavat ihaillen.

Jacob katselee ympärilleen kuin eksyneenä.

THESEUS
Ei hätää.

LISKO
Bhutan.

DUMBLEDORE
Oikein. Kolme pistettä Puuskupuhille. Bhutanin kuningaskunta sijaitsee korkealla Himalajan itäosissa. Se on sanoinkuvaamattoman kaunis alue. Osa tärkeimmästä taikuudestamme on peräisin sieltä. Sanotaan että jos siellä kuuntelee kyllin tarkasti, kuulee menneisyyden kuiskivan. Se myös sattuu olemaan vaalipaikka.

PILVIÄ muodostuu salin katon alle. Niiden joukosta erottuu vilaus VUORILINNAA, joka pilkahtelee näkyville ja pois.

THESEUS

Eihän hän voi voittaa?

DUMBLEDORE

Vasta jokunen päivä sitten hän pakoili
oikeutta. Nyt hän on virallinen ehdokas
Kansainvälisen Velholiiton johtoon.
Vaaralliset ajat suosivat vaarallisia miehiä.

Dumbledore kääntyy lähteäkseen pois suuresta salista. Bhutania esittävä kuva alkaa hälvetä savuksi hänen takanaan.

Muut katselevat hänen menoaan.

DUMBLEDORE (JATK.)

Ja me sivumennen sanoen illastamme
veljeni luona kylässä. Jos tarvitsette jotain
sitä ennen, Minerva on täällä.

Kun Dumbledore poistuu, Lally nojautuu lähemmäs, puhuu hiljaa.

LALLY

Onko Dumbledorella veli?

64 INT. SIANPÄÄ – MYÖHEMMIN – ILTA

Aberforth antaa qilinille kulhollisen maitoa. Qilin virkistyy välittömästi, päästelee iloisia ääniä kumartuessaan hörppimään. Bunty katselee.

Juuri silloin etuovi RÄMISEE ja pubiin puskee tuulenpuuska ja sen mukana lunta. Kuuluu PUHEÄÄNIÄ ja SAAPPAIDEN TÖMISTELYÄ ennen kuin Dumbledore, Lisko, Theseus, Lally ja Jacob astuvat sisään.

LISKO

Bunty! Olet täällä!

BUNTY

Kyllä.

LISKO

Miten se voi?

BUNTY

Se voi oikein hyvin.

Lisko kumartuu, kun haisku juoksee häntä kohti.

LISKO

Hupsis, mitäs Alfie on puuhannut? Et kai vain ole taas purrut Timothya pyllyyn?

DUMBLEDORE

Neiti Broadacre. Toivottavasti veljeni on ollut ystävällinen isäntä?

BUNTY

Kyllä. Erittäin ystävällinen.

Dumbledore katsahtaa veljeensä.

DUMBLEDORE

Mukava kuulla. Teille siis on järjestetty huoneet kylältä, ja Aberforth tässä valmistaa teille herkullisen illallisen. Omalla reseptillään.

LEIKKAUS:

65 **INT. SIANPÄÄ – MYÖHEMMIN – ILTA**

LOPS! – Aberforth, rasvainen pannu kädessään, KAUHOO paksua ruskehtavaa MUHENNOSTA kolhiintuneisiin kulhoihin pitkässä pöydässä istuvan ryhmän eteen.

ABERFORTH

Lisääkin on, jos tekee mieli.

Muut tuijottavat pahoinvoivina kulhoihinsa, kun Aberforth suuntaa portaisiin.

BUNTY

Kiitos paljon. Kiitos.

Aberforth pysähtyy, mulkoilee hymyilevää Buntya, sitten nyökkää lyhyesti ja jatkaa ylöspäin.

THESEUS

Ällistyttävää... Ikinä ei ole mikään näin kuvottavan näköinen maistunut näin herkulliselta.

Qilin MÄÄKÄISEE mielihyvästä. Muut työntävät lusikkansa muhennokseen.

JACOB

Kukas tämä pikkuinen on... Hei, älä viitsi!

Lisko katsoo, kun Jacob kinaa qilinin kanssa muhennoksesta kulhossaan.

LISKO

Se on qilin, Jacob. Se on äärimmäisen harvinainen. Yksi velhomaailman rakastetuimpia otuksia.

JACOB

Miksi?

LISKO

Koska se näkee sieluun.

JACOB

Ai, lasket kai leikkiä.

LISKO

(päätään pudistaen)

Jos siis olet hyvä ja kunnollinen, se näkee sen. Jos toisaalta olet julma ja petollinen, sitten se tietää sen.

JACOB

Niinkö vai? Kertooko se sen sinulle vai...?

LISKO

Ei suoranaisesti *kerro* –

LALLY

Niin, se kumartaa. Mutta vain kun läsnä on joku aidosti puhdassydäminen.

Jacob kuuntelee lumoutuneena Lallya.

LALLY (JATK.)

Tai siis, eihän meistä melkein kukaan ole. Vaikka miten hyviä ihmisiä yrittäisimme olla. Joskus monia, monia vuosia sitten oli itse asiassa aika, jolloin qilin valitsi johtajamme.

Jacob ottaa kulhonsa ja siirtyy qilinin maitoastian luo. Qilin tanssahtelee hänen ympärillään. Jacob lusikoi osan muhennostaan qilinin kulhoon.

Lisko hymyilee, nauttii hetkestä, kun hänen katseensa osuu peiliin. Siihen ilmestyy sanoja yksi kerrallaan:

HALUAN TULLA KOTIIN.

66 INT. YLÄKERRAN HUONE – SIANPÄÄ – HETKEN PÄÄSTÄ – ILTA

Huoneessa Dumbledore ja Aberforth seisovat toisiaan vastapäätä, puhuvat matalalla äänellä, mutta asennoista näkee, että keskustelu on kireä.

DUMBLEDORE

Tule mukaani. Minä autan. Hän on sinun poikasi, Aberforth. Hän tarvitsee sinua.

Näemme, että NÄKÖKULMA on Liskon. Hän alkaa kääntyä pois, kun hän huomaa jotain Aberforthin kädessä: SULKA, joka on TUHKAN peitossa, tummentaa Aberforthin sormet, kun hän koskettaa sitä. FEENIKSIN SULKA.

Lisko koputtaa...

DUMBLEDORE (JATK.)

Lisko.

Aberforth pyyhältää Liskon ohi sanaakaan sanomatta, sulka yhä kädessään.

DUMBLEDORE (JATK.)

(Liskolle)

Tule sisään.

Lisko astuu huoneeseen.

LISKO

Albus. Alakerran peili. Siinä on viesti.

DUMBLEDORE

Sulje ovi.

Lisko sulkee oven, kääntyy sitten takaisin Dumbledoreen päin.

DUMBLEDORE (JATK.)

Se on Valiolta, Lisko. Samana kesänä, kun minä ja Gelllert rakastuimme, minun veljenikin rakastui. Tyttöön, joka oli Notkosta. Tyttö lähetettiin pois. Oli huhuja. Lapsesta.

LISKO

Valio?

DUMBLEDORE

Hän on Dumbledore. Jos olisin ollut parempi ystävä Aberforthille... Jos olisin ollut parempi veli, hän olisi ehkä uskoutunut minulle. Ehkä asiat olisivat menneet toisin. Tämä poika olisi voinut kuulua elämäämme. Olla osa perhettämme.

(tauko)

Valiota ei voi pelastaa, tiedän että tiedät sen. Mutta ehkä hän voi pelastaa *meidät*.

Liskon reagoidessa Dumbledore nostaa kätensä ylös, sormet ovat noen tahrimat.

DUMBLEDORE (JATK.)

Feeniksin tuhkaa. Lintu tulee hänen luokseen, koska hän tekee kuolemaa, Lisko. Tunnen merkit.

(nähtyään Liskon ilmeen)

Sisareni nimittäin oli obskuuri.

Lisko tuijottaa Dumbledorea. Tyrmistyneenä.

DUMBLEDORE (JATK.)

Ja kuten Valio, hänkään ei koskaan oppinut ilmaisemaan taikuuttaan. Ajan kuluessa se muuttui yhä pimeämmäksi ja alkoi myrkyttää häntä.

Dumbledore katsoo maalausta.

DUMBLEDORE (JATK.)

Pahinta on, ettei kukaan meistä kyennyt helpottamaan hänen tuskaansa.

LISKO

Voitko kertoa, miten – miten hänen loppunsa tuli?

THE DUMBLEDORE FAMILY TREE

The Dumbledores originally lived in Mould-on-the-Wold but moved to Godric's Hollow after Percival Dumbledore was sent to Azkaban for attacking Muggles he did not inform the authorities that his actions were in retaliation for the Muggles' traumatising attack on his daughter Ariana The Dumbledores were the subject of much gossip since Ariana was rarely seen and a fist fight broke out at her funeral between her older brothers

Percival Dumbledore
ivmixi

Kendra (Dumbledore)
ivmvx - ivmixix

Albus Dumbledore
ivmvmi

Aberforth Dumbledore
ivmvmm

Ariana Dumbledore
ivmvmv - ivmixix

The Dumbledores Nullam lbobortis ullamcorper purus eget semper purus dignissim quis Proin et tortor nisl Sed nec massa volutpat diam tempus hendrerit Donec vitae nisi ligula Curabitur sit amet lacus lacinia ultrices enim quis ornare nisl Ut nec tincidunt ipsum vel ultricies tortor Sed feugiat consectetur ultrices Aenean nibh massa ultricies id odio sit amet placerat tristique est Cras tincidunt sit amet nibh sit amet consequat Pellentesque sollicitudin dignissim lacus sed sagittis est molestie vel Sed sodales convallis neque vitae molestie mi feugiat venenatis Ut id aliquet erat a aliquet tortor

Mauris accumsan ligula sit amet eleifend suscipit diam lacus tempus enim nec luctus dolor velit sit amet lacus Sed in pellentesque dui Praesent lacus tellus semper non lacus at dictum condimentum massa The Dumbledores venenatis sem a bibendum eleifend lacus metus commodo erat ut consequat odio lorem nec nisl Proin vitae volutpat felis Nulla et dolor consequat erat iaculis viverra vel sit amet tortor Nam metus justo semper sed consectetur at convallis at The Dumbledores mi Duis in odio sagittis vestibulum odio ut ullamcorper ante Nullam in rutrum risus et ullamcorper quam Vestibulum sit amet egestas elit a mattis quam

The Dumbledores vehicula elementum Donec feugiat justo ac tempor scelerisque Proin tincidunt et ipsum non lacinia Suspendisse venenatis libero quis efficitur placerat velit ipsum convallis velit quis egestas felis erat eu justo The Dumbledores Vestibulum at finibus nunc Nam sed facilisis dui vel dictum ipsum Curabitur nec fermentum sapien Phasellus tortor The Dumbledores leo facilisis quis eros in interdum placerat tortor Duis in odio sagittis vestibulum odio ut ullamcorper ante Nullam in rutrum risus et ullamcorper quam ed facilisis dui

(yllä) **DUMBLEDOREN SUKUVAAKUNA**

(vieressä) **DUMBLEDOREN SUKUPUU**

DUMBLEDORE

Gellert ja minä olimme suunnitelleet lähtöä pois yhdessä. Veljeni ei hyväksynyt sitä. Eräänä iltana hän asettui vastustamaan meitä. Ääniä korotettiin. Uhkauksia esitettiin. Aberforth veti sauvansa, mikä oli typerää. Minä vedin omani, mikä oli vielä typerämpää. Gellert vain nauroi. Kukaan ei kuullut, kun Ariana tuli portaita alas.

Dumbledoren silmät kimmeltävät, kun hän katselee maalausta.

DUMBLEDORE (JATK.)

En voi olla varma, että se oli minun loitsuni. Sillä ei oikeastaan ole merkitystä. Yhtenä hetkenä hän oli siinä, ja seuraavana hän oli poissa...

Hänen äänensä hiipuu.

LISKO

Olen todella pahoillani, Albus. Jos se yhtään lohduttaa, niin ehkä hän säästyi tulevalta tuskalta –

DUMBLEDORE

Älä. Älä tuota minulle pettymystä, Lisko. Sinä kaikista ihmisistä. Sinun rehellisyytesi on lahja, vaikka se toisinaan satuttaakin.

Lisko tarkkailee Dumbledorea, kun tämä kääntyy taas katselemaan maalausta.

DUMBLEDORE (JATK.)

Ystävämme alakerrassa ovat väsyneitä ja kaipaavat kotiin. Sinun täytyy mennä.

Lisko alkaa lähteä, pysähtyy sitten juuri ennen ovea.

LISKO

Albus. Lally sanoi jotain aikaisemmin. Siitä miten useimmat meistä ovat pohjimmiltaan epätäydellisiä. Mutta vaikka olisimme tehneet virheitä, kauheuksia, voimme yrittää korjata ne. Ja se merkitsee. Yrittäminen.

Dumbledore ei käänny, tuijottaa vain maalausta.

67 EXT. NURMENGARDIN LINNA – MYÖHÄÄN PÄIVÄLLÄ

Kamera kiertää korkeuksissa tasaisen harmaalla taivaalla linnan yläpuolella. Kaukana alhaalla näemme TUMMAPUKUISTEN

HAHMOJEN JOUKON kokoontuneen. Kun Grindelwald ja Valio liikkuvat kohti linnaa, hahmot tekevät tietä. Ulko-ovelle päästyään Grindelwald kääntyy, katselee joukkoa.

GRINDELWALD

Meidän aikamme koittaa pian, veljet ja sisaret. Piileskelyn aika on ohi. Maailma saa kuulla äänemme. Ja se on korviahuumaava.

Joukkoon syntyy REMAKKA. Grindelwald hymyilee vaisusti, sitten hänen katseensa osuu Kamaan, joka seisoo hurraavien akolyyttien edessä joukon toisella sivustalla, on jotenkin sekä osa porukkaa että irrallaan siitä. Grindelwald astelee hänen luokseen ja, Kaman yllätykseksi, ottaa tämän kasvot käsiensä väliin.

GRINDELWALD (JATK.)

Sinä et tullut tänne pettääksesi Dumbledoren. Sinä tiedät puhdasverisessä sydämessäsi, että paikkasi on täällä. Usko minuun tarkoittaa uskoa itseesi.

Hän tuijottaa syvälle Kaman silmiin vielä hetken ja kävelyttää hänet väkijoukkoon, pukkaa kohti paikalle kokoontuneita joukkoja.

GRINDELWALD (JATK.)

Todista uskollisuutesi, herra Kama.

Sitten laskee hänet irti ennen kuin kääntyy linnaan päin.

HISTORIALLISESTI velhoja ja noitia ei ole kohdeltu hyvin. Ja – vain antaakseni oman osuuteni Grindelwaldin taustatarinaan – aavistelen, että Grindelwald on kokenut jotain anteeksiantamatonta tai jopa äärimmäisen raakaa hyvin nuoressa iässä, ja siitä on kummunnut hänen jästivihansa. Se on voimistunut voimistumistaan ja jokainen päivä on vahvistanut hänen uskoaan, ettei jästeissä ole mitään hyvää.

– MADS MIKKELSEN

(Gellert Grindelwald)

68 INT. KELLARI – NURMENGARD – HETKEN PÄÄSTÄ – MYÖHÄÄN PÄIVÄLLÄ

LÄHIKUVA – KUOLLUT QILIN

Kun velton otuksen pää retkahtaa toiselle puolelle, syvä haava sen kurkussa paljastuu.

...VEDEN ALLA, katse ylös oudosti lainehtivan pinnan läpi. On aavemaisen HILJAISTA, kuin unessa, sitten ilmaantuu HAHMO – epäselvä nesteen läpi – joka heijaa jotain. Hahmo UPOTTAA kätensä veteen ja KUOLLEEN QILININ naama kääntyy meihin päin. Sen ruhjotusta kurkusta leviää verta.

UUSI KUVAKULMA – GRINDELWALD

Hän seisoo vyötäisiään myöten altaassa, paidanhihat käärittyinä kyynärpäiden yli, pitelee qiliniä veden alla ja mumisee epäselvästi. Hän odottaa veden asettuvan, sitten KUISKAA:

GRINDELWALD

Virkous...

Valio, Vogel ja Rosier katselevat varjoista.

Valtavan hellästi Grindelwald liikuttelee sormiaan qilinin kurkun päällä, parantaa sen nahkan. KUPLIA kohoaa altaasta.

Qilinin pää pulpahtaa pintaan ja se KIRKUU. Grindelwald nostaa sen vedestä.

GRINDELWALD (JATK.)

Vulnera sanentur...

Kun haavat katoavat hänen sormiensa alla, qilin kääntää päänsä häneen päin, sen silmät ovat yhä aavemaisen tyhjät, mutta muuten se vaikuttaa terveeltä ja ehjältä.

Grindelwald hymyilee, silittää qiliniä.

GRINDELWALD (JATK.)

No niin, no niin. Sillä lailla...

(kääntymättä)

Tulkaa katsomaan.

Vogel vilkaisee poispäin, pysyy paikoillaan, mutta Valio poistuu varjoista ja menee altaan ääreen.

GRINDELWALD

Tästä syystä olemme erityisiä. Voimiemme kätkeminen ei ole pelkästään loukkaus itseämme kohtaan. Se on synti.

Grindelwald asettaa qilinin altaan viereen, mihin se jää seisomaan. Valio tutkii äsken uudestaansyntynyttä qiliniä lumoutuneena. Tyytyväisenä Valion reaktioon Grindelwald katsoo taas qiliniä... sitten pysähtyy, hymy hyytyy. KALPEA VARJO, identtinen hänen käsissään olevan qilinin kanssa, ilmestyy hetkeksi veden virtoihin. Hänen katseensa kovenee.

GRINDELWALD (JATK.)

Oliko niitä toinenkin?

VALIO

Toinen?

GRINDELWALD

Sinä iltana. Oliko toinenkin qilin?

Varjoissa Vogel kääntyy, katsoo altaan suuntaan. Grindelwaldin silmät ovat pusertuneet raivosta. Valio, jonka kasvot kiiltävät kalpeina, näyttää yhtäkkiä vaivaantuneelta.

VALIO

En usko –

Grindelwald paiskaa pelottavalla vauhdilla Valion voimallisella vesisyöksyllä altaan äärestä ja painaa hänet seinää vasten. Grindelwald ilmiintyy vedestä, sormet kiertyvät Valion kaulan ja kasvojen ympärille. Hänen silmänsä kiiluvat kiukusta.

GRINDELWALD

Nyt olet tuottanut jo kaksi pettymystä! Etkö ymmärrä, millaiseen vaaraan saatoit minut?!

Valio on jähmettynyt kuin kauhistunut lapsi Grindelwaldin otteeseen.

GRINDELWALD (JATK.)

Viimeinen mahdollisuus. Ymmärrätkö? Etsi se.

69 INT. SIANPÄÄ – AAMU

Lisko on laukussaan.

Theseus pitelee qiliniä kuin vauvaa.

Theseus ojentaa qilinin Liskolle, veljekset näyttävät palvovilta vanhemmilta. Theseus ja Bunty katselevat, kun Lisko laskee qilinin hellästi laukkuunsa.

70 EXT. TYLYPAHKA – SAMA AIKA – AAMU

Usva peittää tiluksia. Silta ja linna hehkuvat pehmeästi aamun valossa.

71 INT. 7. KERROKSEN KÄYTÄVÄ – TYLYPAHKA – SAMA AIKA – AAMU

Seuraamme Lallya, Liskoa, Theseusta ja Jacobia kohti koristeellista ovea, joka näkyy käytävän kaukaisimmassa päässä.

TYLYPAHKA ULKOA, KUVAUSPAIKKAMALLINNUS

72 INT. TARVEHUONE – HETKEN PÄÄSTÄ – AAMU

Lisko, Theseus, Lally ja Jacob ilmestyvät yhtäkkiä niukasti kalustettuun huoneeseen.

Jacob, joka näyttää pöllämystyneeltä, seuraa Liskon katsetta kauas huoneeseen, missä seisoo kehässä VIISI LAUKKUA – aivan samanlaista kuin Liskon laukku – takanaan valtava, koristeellinen BHUTANILAINEN RUKOUSMYLLY.

JACOB

Lisko hei, mikä paikka tämä on?

LISKO

Tarvitsemamme huone.

Dumbledore astuu näkyville.

DUMBLEDORE

Teillä kaikilla kai on Buntyn antamat liput?

Nyökkäilyä. Jacob nostaa velvollisuudentuntoisesti lipun nähtäville.

DUMBLEDORE (JATK.)

Tarvitsette niitä, jotta pääsette seremoniaan.

"QILININ KÄVELY", LIPPUMALLI

Dumbledoren katse siirtyy, osuu Liskoon joka tuijottaa laukkukehää.

DUMBLEDORE (JATK.)

Mitä tuumaat, Lisko? Osaatko erottaa, mikä on omasi?

Lisko katselee vielä hetken, pudistaa sitten päätään.

LISKO

En.

DUMBLEDORE

Hyvä. Huolestuisin jos osaisit.

LALLY

Oletan että qilin on yhdessä näistä laukuista?

DUMBLEDORE

Kyllä.

LALLY

No, missä näistä?

DUMBLEDORE

Missäpä tosiaan?

JACOB

Ai, tämä on kuin kolmen kortin monte.

(toisten silmäillessä häntä)

Silmänkääntötemppu siis. Kevyt huijaus.

(luovuttaa)

Antaa olla, jästien juttuja.

DUMBLEDORE

Grindelwald tekee mitä tahansa päästäkseen käsiksi harvinaiseen ystäväämme. Siksi on välttämätöntä, että se, kenet hän lähettää hoitamaan asiaansa, joutuu arvailemaan, niin että qilin pääsee turvallisesti seremoniaan. Jos teeaikaan mennessä qilin – meistä kaikista puhumattakaan – on yhä hengissä, voimme todeta onnistuneemme ponnisteluissamme.

Dumbledore panee hattunsa päähän ja kietoo huivin kaulaansa.

JACOB

Tiedoksenne, ettei kukaan ole koskaan kuollut pelatessaan kolmen kortin montea.

DUMBLEDORE

Merkittävä eroavaisuus. Hyvä on, valitkaa nyt laukkunne, niin lähdemme liikkeelle.

LISKON LAUKKU JA KOPIOT

Herra Kowalski, sinä ja minä menemme yhdessä ensimmäisinä.

JACOB

Minäkö? Selvä...

Jacob astuu eteenpäin, valitsee laukun, sitten pysähtyy, kun Dumbledore rykäisee ja pudistaa lähes huomaamattomasti päätään. Jacob valitsee uuden ja osoittaa sitä. Dumbledore nyökkää ja kääntyy poispäin.

Jacob ottaa laukun. Nyökkää. Vilkaisee ympärilleen. Kurtistaa kulmiaan. Ei uloskäyntiä.

Bhutanilainen rukousmylly säihkyy Dumbledoren edessä. Dumbledore ojentaa kätensä, koskettaa myllyä, jolloin huoneeseen tulvii kaunista ääntä.

DUMBLEDORE (JATK.)

Odotan että perehdytät minua hiukan enemmän kolmen kortin monten hienouksiin.

Hän katsoo Jacobia, ojentaa hänelle kätensä.

JACOB

Mielihyvin.

Jacob tarttuu Dumbledoren käteen ja he katoavat yhdessä myllyyn, joka pyörii vinhasti.

Kun he katoavat, toiset tutkivat jäljelle jääneitä laukkuja.

BUNTY

No niin, onnea matkaan kaikille.

Lisko kävelee eteenpäin ja ottaa laukun.

LISKO

Onnea matkaan.

Lisko katoaa.

LALLY

Sinä myös, Bunty-tyttö.

Lally astelee eteenpäin, ottaa laukun ja katoaa.

THESEUS

Nähdään, Bunty.

Theseus kävelee eteenpäin ja ottaa laukun ennen kuin katoaa hänkin myllyyn.

Bunty vetää syvään henkeä, sitten ottaa viimeisen laukun. Hän kävelee kohti rukousmyllyä ja katoaa.

73 EXT. VUORILINNAN JUURELLA – BHUTAN – PÄIVÄ

Vihreät vuoret kohoavat etäisyydessä, ja kaiken yläpuolella, melkein kuin itse taivaassa asti, näemme vilaukselta Vuorilinnan.

Väkeä kerääntyy valtavan, taivasta kohti kohoavan portaikon juurelle, jonka päässä on upea Vuorilinna. Portaiden alapäässä sijaitsevan kultaisen häkin edessä seisoo hahmo.

VOGEL

Meiltä johtoasemissa olevilta ei ole jäänyt huomaamatta, että maailmamme on nykyään jakautunut. Joka päivä tuo mukanaan puheita uusista salaliitoista.

Vogelin puhe on heijastettu taikaministeriöihin kautta maailman.

VOGEL (JATK.)

Joka tunti uutta synkkää kuiskintaa. Tällainen kuiskinta on vain lisääntynyt viime päivinä, kun ehdokkaita on tullut yksi lisää. On vain yksi keino varmistaa epäilyksittä, että kolmen tarjokkaan joukossa on varteenotettava ehdokas.

VUORILINNA, KUVAUSPAIKKAMALLINNUS

(yllä) KERMAKALJAETIKETTI JA TILAUSKIRJASIMET

(vieressä) SEREMONIAJULISTE, "QILININ KÄVELY"

MAGISTERIAL CHAMBER
THE WALK OF THE QILIN

Vogel astuu kultaiseen häkkiin ja tulee esiin pidellen jotain sylissään. Kun hän asettuu takaisin paikalleen ja paljastaa hitaasti, mitä pitelee, kuuluu selvästi, kun ihmiset HAUKKOVAT HENKEÄ.

Qilin.

VOGEL (JATK.)

Kuten jokainen koulupoika ja -tyttö tietää: qilin on ihmeellisen taikamaailmamme puhtain olento. Sitä ei voi pettää.

(pitelee qiliniä edessään)

Antakaamme qilinin yhdistää meidät!

74 EXT. KATOT – BHUTAN – PÄIVÄ

Pudotamme kuvan pilvikerrosten läpi kylään ja näemme joukon eri tasoihin rakennettuja kattoja, joilla näkyy tummiin pukeutuneita hahmoja. Rosier seisoo yhden ryhmän johtajana, Helmut toisen. He tähyilevät alas kaduille, tungeksivaan väenpaljouteen, etsivin katsein.

75 EXT. KATU – BHUTAN – SAMA AIKA – PÄIVÄ

Santosin kannattajaryhmän joukossa pomppii laukku kädessään Jacob ja hänen vieressään suunnistaa Dumbledore. Heti heidän edessään valtava BANDEROLLI, jossa on Santosin kuva, vääntyilee tangoissaan kannattajien marssiessa kaupungin ulkopuolella kohoavia vuoria kohti.

Juuri silloin Dumbledoren katse osuu ryhmään pimeyden auroreita, jotka tulevat lähellä perässä, ja hän vetää Jacobin väistämään äkisti sivukujalle. He livahtavat takaa-ajajiltaan kaikkoontumalla oviaukosta heidän takaansa.

DUMBLEDORE

Tule.

JACOB

Minne seuraavaksi?

DUMBLEDORE

Ai. Tässä kohdin jätän sinut.

JACOB

Anteeksi mitä teet? Jätät minut?

Dumbledore riisuu huivinsa.

DUMBLEDORE

Minun on tavattava eräs henkilö, herra Kowalski. Ei syytä huoleen. Olet täydellisesti turvassa.

Dumbledore heittää huivinsa. Kun se leijuu ilmassa, se muuttaa muotonsa verhoksi. Dumbledore kääntyy takaisin Jacobiin päin.

BHUTAN, KUVAUSPAIKKAMALLINNUS

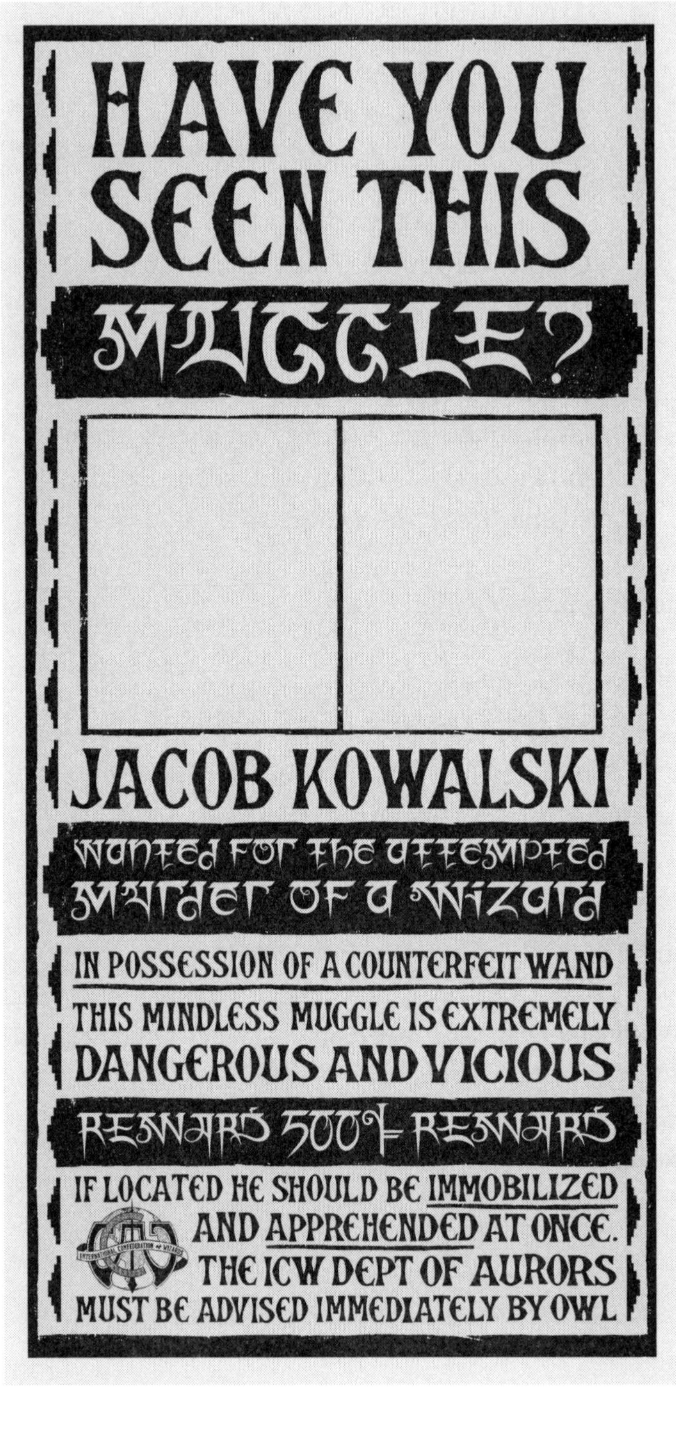

ALUSTAVA GRAFIIKKA ETSINTÄKUULUTUSJULISTEEKSI,
JÄTETTY TILAA JACOB KOWALSKIN LIIKKUVILLE KUVILLE

DUMBLEDORE (JATK.)

Qilin ei ole sinulla. Voit vapaasti jättää laukun heti kun vähänkään tulee ongelmaa.

(pysähtyen)

Ja vielä yksi juttu, jos sallit. Sinun pitää lakata epäilemästä itseäsi. Sinulla on jotain mitä useimmat eivät tavoita koko elämänsä aikana. Tiedätkö mikä se on?

Jacob pudistaa päätään.

DUMBLEDORE (JATK.)

Täysi sydän. Vain aidosti rohkea voi avautua niin rehellisesti ja täydesti. Niin kuin sinä.

Sen sanottuaan Dumbledore nostaa hattuaan ja on poissa.

76 EXT. KATU – BHUTAN – SAMA AIKA – PÄIVÄ

Lisko liikkuu nopeasti, yrittää parhaansa mukaan olla herättämättä huomiota. Vaistoaa jotain, pysähtyy. Kääntyy.

Ei ketään.

BHUTAN, KUVAUSPAIKKAMALLINNUS

77 EXT. KAPEA KATU – BHUTAN – SAMA AIKA – PÄIVÄ

Theseus liikkuu epäluuloisena eteenpäin, puristaa lujasti laukkua.

78 EXT. KAPEA KATU – BHUTAN – SAMA AIKA – PÄIVÄ

Lisko liikkuu kylän halki. VIHREÄKAAPUINEN HAHMO tulee kuvaan.

79 EXT. KATU – BHUTAN – SAMA AIKA – PÄIVÄ

Seuraamme laukun, Lallyn, nopeaa etenemistä. Vilkaistessaan eteenpäin hän näkee auroreita. Hän kääntyy kujalle ja katoaa näkyvistä.

80 EXT. KATU – BHUTAN – SAMA AIKA – PÄIVÄ

Theseus liikkuu epäluuloisena kapealla kulkuväylällä. Näemme hahmojen siirtyilevän katoilla hänen yläpuolellaan. Edessäpäin hän äkkää kaksi auroria ja vetää taikasauvan esiin.

81 EXT. SYRJÄKADUT – BHUTAN – SAMA AIKA – PÄIVÄ

Lally liikkuu nopeasti, vilkaisee olkansa yli, kun...

82 EXT. RISTEYS – SYRJÄKADUT – BHUTAN – SAMA AIKA – PÄIVÄ

...hän tulee Theseuksen kanssa eri kadulta yhtä aikaa risteykseen. Kumpikin käännähtää, kohottaa taikasauvan... sitten tunnistaa toisen. Sitten, kuin yhtenä, heidän katseensa siirtyy. Heidän ympärillään, kaikkialla, on PIMEYDEN AUROREITA.

Lally ja Theseus väistelevät joka suunnasta saapuvia pimeyden auroreita ja kaksintaistelevat heitä vastaan yhtenä vastataikojen ja -loitsujen myllerryksenä.

Lally tainnuttaa kolme pimeyden auroria, Theseus tainnuttaa puolisen tusinaa hänkin. Lally leijuttaa kasan kristallipalloja ja lähettää ne ryöppynä auroreita kohti samalla kun Theseus tainnuttaa pimeyden aurorin ylempänä parvekkeella. Lally kääntyy ja lamauttaa taas yhden kääräisemällä hänet kankaaseen ennen kuin lähettää aurorin paiskautumaan päin seinää ja jäämään siihen ikään kuin vangituksi muotokuvaan.

Auroreita retkottaa pitkin katua heidän ympärillään. Heidän voittonsa on kuitenkin lyhytaikainen, sillä kaksi taikasauvaa ilmestyy heidän niskaansa...

HELMUT

Laukut, olkaa hyvät.

Helmut seisoo heidän takanaan kahden pimeyden aurorin välissä.

BHUTAN, KUVAUSPAIKKAMALLINNUS

83 EXT. KUJAT/KIVIPORTAAT – BHUTAN – SAMA AIKA – PÄIVÄ

Lisko kääntyy kulmasta ja näkee edempänä kahden aurorin tulevan esiin.

Heti heidän takanaan hän äkkää erään toisen.

JACOB

Hei, kaverit...

Aurorit kääntyvät, ja LÄJÄHTÄÄ, kun Jacob lennättää aurorit laukkuaan heilauttamalla pyörimään ennen kuin ampaisee pois näkyvistä. Aurorit tokenevat ja lähtevät jahtiin.

84 EXT. KAPEA KUJA, JOHTAA YLÖS – SAMA AIKA – PÄIVÄ

Jacob kompuroi kulman taakse, syöksyy jyrkkiä, kapeita portaita ylöspäin. Vähän ajan päästä hänen takaa-ajajansa tulevat näkyviin, pysähtyvät ja tuijottavat ylöspäin.

Tyhjää.

Paitsi Jacobin laukku.

85 EXT. SYRJÄKADUT – BHUTAN – SAMA AIKA – PÄIVÄ

Helmut miehineen ottaa Lallyn ja Theseuksen laukut ja laskee ne maahan. Pimeyden aurori tähtää. Helmut nostaa kätensä.

HELMUT

Odota. Avaa ne. Varmista että se on siellä. Ääliö.

Seinään vangittu aurori hakkaa nyrkeillä päästäkseen pois. Helmut huokaisee, kohottaa taikasauvan ja vapauttaa aurorin, joka rojahtaa raajat levällään maahan.

Lally ja Theseus vilkaisevat laukkuja.

86 EXT. SYRJÄKADUT – BHUTAN – SAMA AIKA – PÄIVÄ

Yksi Jacobin takaa-ajajista lähestyy hylättyä laukkua epävarmana.

Lally ja Theseus katsovat, kun kaksi Helmutin pimeyden auroria polvistuu laukkujen viereen.

POKS! Jacobin laukku napsahtaa auki ja sisältä PALJASTUU... PUOLALAISIA LEIVONNAISIA.

Lallyn ja Theseuksen laukut avataan, ja niistä paljastuu KIRJOJA ja KULTASIEPPI.

KULTASIEPIN HURAUTTAESSA ylöspäin Helmut tarkkailee sen nousua ympäröivien kattojen yläpuolelle kun:

BHUTAN, KUVAUSPAIKKAMALLINNUS

HUUSH!

Kirjat purkautuvat Lallyn laukusta ja peittävät pimeyden aurorit, muumioivat heidät paperimyrskyssä.

Jacobin laukusta purkautuu tuhansia leivonnaisia, jotka ryöpsähtävät aaltona huuhtaisemaan pimeyden aurorit jyrkkiä portaita alas ja pois.

Hirviökirja hirviöistä hyökkää samalla kun Theseuksen laukusta lentää ryhmyjä, jotka sinkoutuvat pimeyden aurorien päälle kujalla ja katoilla.

Helmut repäisee raivoissaan paperin naamaltaan vain huomatakseen, että sekasorron aikana Lally ja Theseus ovat paenneet.

87 EXT. KADUT/KUJAT – BHUTAN – SAMA AIKA – PÄIVÄ

Dumbledore liikkuu ripeästi, vilkaisee läheiselle katolle juuri kun ryhmyjä sataa aurorien niskaan ja kumauttelee heitä nurin. Sieppi hurauttaa alas häntä kohti ja hän nappaa sen ilmasta ja panee taskuunsa. Yhtäkkiä, samaa jalkaa, kujalta tulee hahmo hänen viereensä.

Rytmiä rikkomatta, Aberforth.

ABERFORTH

Kauanko hänellä on aikaa?

FEENIKS LENTÄÄ YLHÄÄLLÄ...

88 EXT. KATU – BHUTAN – PÄIVÄ

...liukuu kaukana alhaalla tulvivan ihmismassan yllä.

UUSI KUVAKULMA – KATUTASO

Valio, entistä kalpeampana, törmää Liun juhlivan kannattajajoukon sekaan. Hän on heikentynyt ja kivulias, hän pysähtyy, nojaa pylvääseen ennen kuin terästäytyy vähän ja jatkaa matkaa.

89 EXT. KAPEA YLÖSPÄIN VIEVÄ KUJA – BHUTAN – PÄIVÄ

Jacob, nyt ilman laukkua, kävelee kapealla kujalla. Hän suuntaa kohti isompaa katua. Hän ohittaa VIHREÄKAAPUISEN HAHMON juuri kun toinen hahmo kiitää paikalle, tarttuu häntä lujasti kädestä...

...ja vetää hänet sivukujalle pois pääkadulta.

QUEENIE

Sinä olet vaarassa, kuuletko. Sinun täytyy lähteä.

JACOB

Jaa...

VALIO haluaa, kuten niin moni Jon henkilöhahmo, kuulua johonkin. Ja hän tuntee sydämessään, ettei voi luottaa Grindelwaldiin. Lisäksi hän on vakavasti sairas – obskuuri tuntuu ottavan häntä yhä enemmän valtaansa. Joten samalla kun hän kohtaa oman kuolevaisuutensa, hän yrittää selvittää, minne hän tässä elämänsä vaiheessa kuuluu.

– DAVID HEYMAN

(tuottaja)

Kun hän alkaa puhua, Queenie painaa sormen hänen huulilleen.

QUEENIE

En voi. En voi tulla kotiin. Liian myöhäistä minulle. Jotkin virheet vain ovat liian suuria.

Jacob työntää hänen kätensä pois.

JACOB

Voitko kuunnella –

QUEENIE

Ei ole aikaa! Minua seurattiin. Livahdin heiltä, mutta pian he löytävät minut. He löytävät...

(ääni särkyen)

...meidät.

JACOB

Minä en välitä. Minulla on vain me. En ole mitään ilman sinua.

QUEENIE

Jacob, älä viitsi! Minä en rakasta sinua enää. Sen kuin häivyt täältä.

JACOB

Olet maailman surkein valehtelija, Queenie Goldstein.

Juuri silloin KELLOT helisevät hiljaa.

JACOB (JATK.)

Kuulitko? Se oli merkki.

Queenie pysähtyy, katsoo pitkään Jacobia. Jacob tuijottaa häntä.

Jacob sulkee Queenien käden omaansa ja vetää hänet liki.

JACOB (JATK.)

Tule tänne. Pane silmät kiinni. Ole kiltti ja pane silmät kiinni. Tiedätkö mitä Dumbledore sanoi minulle? Hän sanoi että minulla on täysi sydän… Hän oli väärässä, siellä on aina tilaa sinulle.

QUEENIE

Joo.

JACOB

Katso minuun. Queenie Goldstein.

Kyynelen valuessa Queenien poskella he kumpikin kohottavat katseensa ja näkevät HAHMOJEN ympäröineen heidät.

90 EXT. SILTA – BHUTAN – SAMA AIKA – PÄIVÄ

Lisko katselee kun Santosin kannattajat ylittävät SILTAA, joka kohoaa taivaaseen; puolimatkassa he katoavat portista. Hän tiukentaa otettaan laukusta ja siirtyy eteenpäin, sekoittuu joukkoon.

Tästä paikasta nähtynä vuori on mahtava, sen huippu paksujen pilvien verhoama.

Lisko kävelee sillalle, kohti porttia. Astuessaan portista hän katoaa humahtaen.

91 EXT. VUORILINNAN JUURI – BHUTAN – PÄIVÄ

Vuorilinnan juurella näemme valtavat portaat, jotka kohoavat ylös pilviin, ja itse Vuorilinnan niiden yläpuolella. Pudotamme alas, ja näemme Liskon, joka harppoo määrätietoisesti portaita kohti.

Suoraan edessä yksittäinen hahmo, Fischer, seisoo hievahtamatta. Hän kääntyy, katse on kohdistunut Liskoon. Jokin hänen asennossaan enteilee pahaa.

Lisko pohtii kääntymistä takaisin, mutta ylös ei ole kuin yksi tie, kun...

VUORILINNA, KUVAUSPAIKKAMALLINNUS

BHUTAN, KUVAUSPAIKKAMALLINNUS

FISCHER

Herra Scamander. Meitä ei ole koskaan kunnolla esitelty. Henrietta Fischer. Herr Vogelin attasea.

LISKO

Aah, aivan – Päivää –

Fischer nyökkää ylös pilviin päin.

FISCHER

Voin viedä teidät ylös. Korkean neuvoston jäsenille on yksityinen sisäänkäynti. Seuratkaa siis minua...

Lisko ei liikahda, silmäilee Fisheriä epäuskoisesti.

LISKO

Anteeksi, mutta miksi tekisitte sen? Veisitte minut ylös?

FISCHER

Eikö se ole ilmiselvää?

LISKO

Ei, suoraan sanottuna, ei ole.

FISCHER

Dumbledore lähetti minut.

(laukku)

Minä tiedän mitä laukussanne on, herra Scamander.

Fischerin silmien kaventuessa parvi iloisia Santosin kannattajia leviää näkyviin. Nopeasti kuin käärme Fischerin käsi nappaa kiinni Liskon kädestä, joka pitelee kahvasta. Heidän katseensa kohtaavat, kun Lisko yrittää riuhtoa laukkua itselleen väkijoukon tiivistyessä. He kamppailevat edelleen laukun hallinnasta samalla kun kulkeutuvat keskelle toria, ympärillään iloisia kasvoja ja hurraavia ääniä.

LEIMAHDUS! – salama iskee Liskon korvan taakse. Hän kaatuu. Zabini ilmestyy näkyviin, seisoo väen keskellä, katsoo alas Liskoon, taikasauva SAVUTEN. Fischer hymyilee ennen kuin kääntyy poispäin, laukkua kantaen.

92 EXT. SILTA – BHUTAN – SAMA AIKA

Theseus astelee hermostuneesti edestakaisin ja Lally pysyy paikoillaan. Silta on nyt lähes autio. TORVI, kuin SUMUSIREENI, raikuu kaupungin yllä.

LALLY

Hänen pitäisi olla täällä aivan pian.

Eteen ilmestyy Kama ja ryhmä pimeyden auroreita, jotka suuntaavat heitä kohti. Pimeyden aurorit kohottavat taikasauvansa. Kama liikkuu auroriryhmän läpi.

Yhtäkkiä Kama pudottautuu, lyö taikasauvansa maahan, päästää valloilleen taian, joka tainnuttaa aurorit, täräyttää kerralla.

THESEUS

Mikä viivytti sinua?

Theseus, Lally ja Kama suuntaavat sillalle ja katoavat.

93 EXT. VUORILINNAN JUURI – BHUTAN – PÄIVÄ

Tullessaan tajuihinsa Lisko vilkuilee hädissään ympärilleen, väkijoukko tyrkkii...

Hän näkee Fischerin nousevan portaita edessäpäin.

Kannattajien ja äänestäjien yläpuolelle kohoaa valtavia vapaasti seisovia BANDEROLLEJA, jotka toimivat VALKOKANKAINA, joihin ylhäällä pidettävä seremonia heijastetaan. Liskon tuijottaessa banderollia – mietteissään – Vogel tulee näkyviin.

VOGEL

Kiitän ehdokkaita heidän sanoistaan...

94 EXT. VUORILINNAN JUURI – BHUTAN – PÄIVÄ

Liu, Santos ja Grindelwald seisovat rinnatusten.

VOGEL
Jokainen edustaa erilaista näkemystä siitä, miten muokkaamme paitsi omaa maailmaamme, myös ei-taikaista maailmaa. Mistä pääsemmekin seremoniamme tärkeimpään osuuteen. Qilinin kävelyyn.

Qilin tuodaan esiin.

LEIKKAUS:

95 **EXT. VUORILINNA – BHUTAN – SAMA AIKA – PÄIVÄ**

Lisko saapuu Vuorilinnaan johtaville mahtaville portaille, näkee pienen hahmon ylhäällä edessäpäin laukkunsa kanssa – Fischer.

Kun Lisko juoksee portaita ylös, hän katselee banderolleja ja näkee, miten qilin asetetaan Grindelwaldin, Liun ja Santosin eteen.

PIKAINEN KIERROS MAAILMAN YMPÄRI, kun TAIKAMINISTERIÖIDEN silmäätekevät EUROOPASSA ja muualla, katselevat seremoniaa.

Valkokankaalla qilin liikkuu hapuillen eteenpäin – ehdokkaita kohti. Qilinin siirtyessä kohti Grindelwaldia Liu ja Santos katsahtavat toisiinsa.

Lisko rynnii kohti Fischeriä, joka tyytyy kääntymään ja katsomaan Liskoa, ei yritäkään liikkua.

Fischer pitelee laukkua. Lisko tutkailee häntä, ymmällään hänen käytöksestään, sitten kurkottaa. Hänen sormiensa kosketuksesta laukku muuttuu pölyksi. Hädissään hän katselee miten hiukkaset leijuvat ilmassa. Hän katsoo taas Fischeriä, joka hymyilee.

Pölyn hälvetessä banderollit paljastavat Grindelwaldin ja qilinin.

Qilin, Grindelwaldin edessä, kumartaa. Hetkeksi lankeaa hiljaisuus.

VOGEL

Qilin on nähnyt. Nähnyt hyvyyttä, vahvuutta, ominaisuuksia, joita vaaditaan johtajaltamme, oppaaltamme. Kenet te näette?

Paikalle kokoontuneet noidat ja velhot työntävät taikasauvojaan ylös. TAIKOJA räjähtelee. Liun, Santosin ja Grindelwaldin KOLME VÄRIÄ virtaavat taivaalle ja muuttuvat siellä yhdeksi: Grindelwaldin vihreäksi.

Lisko seisoo tyrmistyneenä.

Grindelwald nauttii imartelevasta tilanteesta.

VOGEL (JATK.)
Gellert Grindelwald on taikamaailman uusi johtaja huutoäänestyksellä.

Väkijoukon MYLVIESSÄ akolyytit molemmin puolin Liskoa tuuppivat hänet portaita ylös. Grindelwald nyökkää Rosierille ja tämä tuo Queenien ja Jacobin esiin.

Lisko yrittää työntyä Queenien ja Jacobin luo, mutta kaksi akolyyttiä pitelee häntä.

Rosier tuo Jacobin portaita ylös ja ojentaa tämän käärmepuisen taikasauvan Grindelwaldille.

Grindelwald tarkkailee väkijoukkoa, joka odottaa, katseet kohdistuneina häneen, sitten viittaa Jacobin suuntaan.

GRINDELWALD
Tämä mies yritti riistää henkeni. Tämä mies, jossa ei ole taikuutta ja joka tahtoisi naida noidan ja saastuttaa veremme. Tuo kielletty liitto tekisi meistä vähäisempiä, heikompia, hänen kaltaisiaan. Hän ei ole yksin, ystävät. On tuhansia muita, jotka pyrkivät samaan. Tällaiselle *roskajoukolle* voi vastata vain yhdellä tavalla.

Grindelwald nakkaa Jacobin sauvan pois ja kohottaa omansa.

Kun Jacob kääntyy Grindelwaldia kohti, Grindelwald iskee häntä loitsulla, joka heittää hänet portaita alas ja jättää makaamaan Queenien jalkojen juureen.

GRINDELWALD (JATK.)

Kidutu!

Salamataika saa Jacobin kiemurtelemaan tuskasta Queenien jaloissa.

LISKO

Ei!

QUEENIE

Pankaa hänet lopettamaan!

GRINDELWALD

Sotamme jästejä vastaan alkaa tänään!

Grindelwaldin KANNATTAJAT HURRAAVAT villisti.

Voimme nähdä Lallyn, Theseuksen ja Kaman liikkuvan järkyttyneen näköisinä väkijoukossa.

Jacob kiemurtelee tuskasta maassa, kunnes Santos kohottaa taikasauvansa ja poistaa kidutuskirouksen hänen päältään. Helpottunut Jacob makaa Queenin käsivarsilla.

Grindelwald kääntää kasvonsa kohti taivasta, paistattelee suuruudessaan.

Hän jää siihen nautiskelemaan hetkestä, kunnes

...hän huomaa ylhäällä kaartelevan feeniksin. Yksittäinen TUHKAHÖYHEN laskeutuu keinahdellen taivaalta ja kiinnittyy hänen poskeensa. Hän pyyhkäisee sen pois, näyttää huolestuneelta.

Grindelwald kääntyy, siristää silmiään, kun portaista ilmestyy HAHMO...

Valio.

Grindelwald katselee häntä kiinnostuneena, kun hän lähestyy näyttäen heikolta mutta uhmakkaalta. Kun hän pysähtyy Grindelwaldin eteen, hän ojentaa kätensä kuin aikoisi hyväillä Grindelwaldin kasvoja, levittää sitten sormellaan hänen poskessaan olevan tuhkan. Aberforth ja Dumbledore ilmaantuvat väkijoukon taakse, kun Valio kääntyy ja puhuttelee läsnäolevia arvohenkilöitä.

VALIO

Hän valehtelee teille. Tuo otus on kuollut.

Lisko katsoo noiduttua qiliniä surullisesti.

Valion voimat alkavat huveta ja hän putoaa polvilleen.

Aberforth yrittää mennä auttamaan häntä, mutta Dumbledore pidättelee häntä lempeästi.

DUMBLEDORE

Ei nyt. Odota.

Lisko riuhtaisee itsensä irti pidättäjiltään.

LISKO

Hän teki sen huijatakseen teitä. Hän tappoi ja noitui sen niin että te pitäisitte häntä kelvollisena johtamaan. Mutta hän ei halua johtaa teitä, hän haluaa vain että te seuraatte.

GRINDELWALD

Sanoja. Pettämään luotuja sanoja. Jotta epäilisitte sitä, minkä olette itse omin silmin nähneet.

LISKO

Sinä iltana syntyi kaksi qiliniä. Kaksoset. Ja minä tiedän sen, tiedän sen –

GRINDELWALD

Koska...? Koska sinulla ei ole todisteita. Koska toista qiliniä ei ollut. Enkö ole oikeassa?

LISKO

Emo on tapettu.

GRINDELWALD

Missä se siis on nyt, herra Scamander?

Grindelwald katsoo Liskoa voitonriemuisena, kun hänen katseensa osuu vihreäkaapuiseen arvohenkilöön...

Tämä astuu eteenpäin, valoon, LAUKKU kädessään ja antaa laukun Liskolle, joka tuijottaa sitä pöllämystyneenä.

Kaapupukuinen hahmo kohottaa katseensa ja paljastuu... Buntyksi.

BUNTY

Kukaan ei voi tietää kaikkea, Lisko.
Muistatko?

Hän vilkaisee ympärilleen, äkkiä – ja kiusallisesti – tietoisena kunnianarvoisten henkilöiden läsnäolosta, siirtyy sitten pois kun Lisko avaa laukun.

Pieni pää tulee esiin, katsoo ympärilleen.

Qilin.

Vogel tuijottaa epäuskoisena, silmäilee hermostuneesti Grindelwaldia, joka näyttää levottomalta hänkin. Theseus ja Lally katsovat tyrmistyneinä toisiinsa. Tina näkee tilanteen AMERIKAN MINISTERIÖSSÄ. Lisko, joka on tyrmistyneempi kuin kukaan muu, hymyilee – näyttää helpottuneelta, kiitolliselta.

Kaikkien nähden qilin kömpii ulos laukusta ja nousee seisomaan, räpyttelee hämmentyneenä silmiään, yrittää tajuta missä on. Sitten se vaistoaa jotain, kääntyy ja näkee:

Noidutun qilinin, joka seisoo Grindelwaldin vieressä.

Siinä samassa qilin ÄÄNNÄHTÄÄ HILJAA, huudahtaa, ääni on oudon tunteikas, sydäntä särkevä paljaudessaan, mutta kaksosen ilme ei muutu, sen silmät ovat tyhjät.

Lisko polvistuu hämmentyneen qilinin viereen.

LISKO

(hellästi)

Se ei kuule sinua, pikkuinen. Ei täällä. Mutta ehkä se jossakin kuuntelee...

VOGEL

Tämä on oikea qilin!

Vogel kahmaisee noidutun qilinin ja kääntää sen läsnäolijoiden nähtäväksi.

VOGEL (JATK.)

Katsokaa sitä! Näette omin silmin... Tämä on oikea –

Hänen puheensa hyytyy, kun qilin retkahtaa hänen käsissään sivulle, silmät tummina ja tyhjinä.

Berliinissä näkemämme Brittinoita astuu esiin.

BRITTINOITA

Tämän ei voi antaa jäädä voimaan! Äänestys on uusittava. No niin, Anton. Tee jotain!

Vogel näyttää hämmentyneeltä, säikähtäneeltä.

Elävä qilin etenee hitaasti kohti Dumbledorea.

DUMBLEDORE

Ei. Ei. Ei. Pyydän.

Qilin silmäilee häntä tarkasti, sen luotaava katse vaientaa Dumbledoren. Qilin alkaa hehkua ja sitten kumartaa hitaasti.

DUMBLEDORE (JATK.)

Tämä on kunnia.

(huolestunut tauko)

Samoin kuin teitä syntyi sinä iltana kaksi, täälläkin on toinen. Yhtä varteenotettava. Olen varma siitä.

Dumbledore silittää qiliniä lempeästi.

DUMBLEDORE (JATK.)

Kiitos.

Qilin tutkailee Dumbledorea uteliaasti ennen kuin siirtyy Santosin luo kumartamaan, Grindelwaldin katsellessa inhoten.

Grindelwald katsoo Dumbledorea, jota hetki kalvaa – ja kohottaa sauvansa qilinin suuntaan. Valio, huomattuaan Grindelwaldin tähtäävän qiliniin, kerää kaiken voimansa ja asettuu Grindelwaldia vastaan.

Salamannopeasti Grindelwald kääntyy ja laukaisee loitsun VALIOTA KOHTI KUN…

…KIRKAS SOKAISEVA VALOKILPI aineellistuu Valion eteen, kiitos…

Dumbledoren ja Aberforthin, jotka – refleksinomaisesti – itsenäisesti – ovat laukaisseet suojelutaiat.

Kun Grindelwaldin taika kilpistyy KIMMELTÄVÄÄN VALOKILPEEN, seuraamme hänen katsettaan taian reittiä pitkin ja huomaamme…

…hänen ja Dumbledoren taikojen solmiutuneen toisiinsa.

Kuin yhtenä heidän katseensa kohtaavat, kumpikin tajuaa tyrmistyneenä, että he ovat kahliutuneet toisiinsa. Hetken he pysyvät niin, toisiinsa kiinnittyneinä, kumpikin imee toisen voimaa, maailma pitää taukoa. Sitten:

Verivalan KETJU MURSKAANTUU, paiskaa KRISTALLIN kieppumaan hiljalleen maahan. Grindelwald ja Dumbledore näkevät, miten verivalan valo alkaa LEPATTAA, ja yhdessä VÄLKÄHDYKSESSÄ kaikki yhtäkkiä hiljenee... Maailma asettuu hiljaa LIIKKUMATTOMAKSI, ikään kuin itse maapallon pyörintä olisi hidastunut.

Verivala kieppuu yhä hiljalleen ilmassa, sen ydin säröilee.

Heidän taikansa haihtuvat. Grindelwaldin ja Dumbledoren katseet kohtaavat, kumpikin tajuaa samalla hetkellä, että he ovat vapautuneet.

Siinä samassa heidän taikasauvansa kohoavat, VÄLKÄHDYKSIÄ yhä uudestaan ja uudestaan – isku ja torjunta, isku ja torjunta – huimaavana – ja katarttisena – voimannäyttönä. Kun he jatkavat taistelua, he siirtyvät yhä lähemmäs toisiaan, kumpikaan ei pysty kukistamaan toista, kumpikaan ei halua luovuttaa, kunnes viimein, lähes silmäkkäin, heidän käsivartensa menevät ristiin ja he –

Pysähtyvät. Rintakehät kohoilevat. Katseet kiinni toisissaan. Dumbledore ojentaa kätensä, laskee sen herkästi Grindelwaldin sydämen kohdalle. Grindelwald tekee samoin, käsi Dumbledoren sydämellä.

Dumbledore katsoo pää kumarassa ylös Grindelwaldin silmiin.

Juuri silloin OHUT SÄEN KELTAISTA VALOA kohoaa ylös taivaalle alhaalla olevasta väkijoukosta. Vähän ajan päästä toinen SÄEN KELTAISTA VALOA liittyy ensimmäiseen. Sitten seuraava.

Grindelwald katselee, hänen kasvonsa kielivät uhkaavasta kauhusta.

Dumbledore katselee yhä useampien valonsäkenien punoutuvan taivaalle ja, näyttäen oudon liikuttuneelta, kääntyy pois, valmistautuu liittymään taas jähmettyneeseen maailmaan takanaan.

Grindelwald seisoo lamaantuneena.

GRINDELWALD

Kuka sinua nyt rakastaa, Dumbledore?

Verivala osuu kiveykseen.

RÄKS.

Se särkyy kahtia, ja keskeltä nousee savua... Maailma alkaa taas pyöriä akselinsa ympäri, hahmot Grindelwaldin ja Dumbledoren ympärillä havahtuvat eloon.

Dumbledore ei käänny, jättää Grindelwaldin taakseen, seisomaan yksin.

GRINDELWALD (JATK.)

Sinä olet yksin.

Siinä samassa TUHAT KELTAISTA SÄENTÄ KORISTAA TAIVAAN ja kaikki kylpevät pehmeän keltaisessa valossa. TAIKAMINISTERIÖISSÄ kautta maailman, muun muassa Brasiliassa ja Ranskassa, hurrataan Santosille, lähetetään omia keltaisia taikoja räjähtelemään ilmaan. Grindelwald tarkkailee tilannetta, lyötynä.

Hän katsoo niitä, jotka ovat häntä vastaan, jotka liikkuvat nyt yhdistyneinä häntä kohti, johdossaan Santos qilinin kanssa, kaikki osoittaen taikasauvoillaan häneen päin.

Grindelwald ilmiintyy reunalle, seisoo siinä takanaan mahtava kallionjyrkänne. Hän luo pikaisesti kilven ympärilleen, kun vastustajat laukovat loitsuja häneen päin.

Häntä kuitenkin kiinnostaa vain yksi henkilö: Dumbledore.

GRINDELWALD (JATK.)

En ollut koskaan sinun vihollisesi. En silloin enkä nyt.

Melkein kuin YHTENÄ loitsuja satelee Grindelwaldia kohti, kun käännyttyään vielä kerran vilkaisemaan Dumbledorea... hän kaatuu taaksepäin ja kaikkoontuu.

Theseus, Lally ja Kama, muut perässään, syöksyvät reunalle ja näkevät...

Hän on poissa.

Dumbledore katsoo toisaalle, näkee Aberforthin halaavan Valiota. Valio on nyt heikko, katsoo Aberforthia uteliaana, kasvot kylpien keltaisessa valossa.

VALIO

Ajattelitko koskaan minua?

ABERFORTH

Aina. Tule kotiin.

Aberforth ojentaa kätensä ja auttaa poikansa seisomaan. Kun he alkavat kulkea alaspäin, Dumbledore katselee, miten feeniks nousee lentoon heidän takanaan ja liitää hitaasti vuorenkylkeä alas.

Lisko katselee keltaisen meren yli Bhutanin kuningaskuntaan. Hän näyttää äkkiä uupuneelta.

BUNTY

Tässä se on.

Lisko kääntyy, näkee Buntyn seisovan siinä qilinin kanssa.

RAKASTAN Jon hahmoissa sitä, miten runsaita ne ovat: eivät koskaan vain yhtä asiaa. Grindelwaldin hahmo on synkkä, mutta toisin kuin Voldemortin kohdalla, ei ole kyse vain rakkauden puutteesta hänen elämässään. Minusta tuntuu, että hän suree syvästi sitä, että Dumbledore – hänen suuri rakkautensa – ei ole tullut mukaan hänen matkalleen. Eli, kyllä, Grindelwald on paha, synkkä ja vallanhimoinen eikä antaisi minkään estää häntä saavuttamasta tavoitteitaan. Mutta kaiken alla hän on täynnä menetyksen tunnetta, surumielisyyttä.

– DAVID HEYMAN

(tuottaja)

LISKO

Hyvää työtä, Bunty.

Bunty pudistelee päätään ja hymyilee.

LISKO (JATK.)

Tule, pikkuinen.

Lisko avaa laukun qilinille.

BUNTY

Olen pahoillani. Mahdoin säikäyttää sinut pahanpäiväisesti.

Lisko ottaa qilinin. Pudistaa päätään.

LISKO

Ei, luultavasti jotain vain on joskus menetettävä tajutakseen miten tärkeä se on.

Bunty silmäilee Liskoa, jolla on qilin sylissä. Hän huomaa Tinan kuvan ja hymyilee hellästi.

BUNTY

Ja joskus sen vain...

Hän taukoaa. Lisko tarkkailee häntä.

BUNTY (JATK.)

Joskus sen vain tietää.

Hän kääntyy poispäin, suuntaa takaisin muiden luokse.

LISKO

Menehän sisään.

Kun Lisko panee qilinin laukkuun, LEIKKAUS:

Jacob ja Dumbledore vähän etäämpänä.

DUMBLEDORE

Herra Kowalski, olen anteeksipyynnön velkaa.

Jacob kääntyy, näkee Dumbledoren.

DUMBLEDORE (JATK.)

Aikomukseni ei ollut antaa sinun kärsiä kidutuskirouksesta.

JACOB

Joo, no, saatiinpa Queenie takaisin, joten sujut ollaan.

(tauko)

Hei, saanko kysyä jotain?

Jacob vilkuilee ympärilleen, sitten nojautuu eteenpäin, KUISKAA:

JACOB (JATK.)

Saanko pitää tämän? Vanhojen aikojen muistoksi vain?

Dumbledore katsoo alas, näkee käärmepuisen taikasauvan Jacobin kädessä, kohottaa sitten katseensa, tarkastelee Jacobia.

DUMBLEDORE

En keksi ketään, joka ansaitsisi sen enemmän.

JACOB

Kiitos, professori.

Jacob virnistää iloisesti ja työntää sauvan taskuunsa. Dumbledore katselee, kun hän menee Queenien luo, menee sitten itse Liskon luo.

Katsastaessaan kallion reunaa Dumbledore ottaa rikkinäisen verivalan taskustaan ja näyttää sitä Liskolle.

DUMBLEDORE

Ihmeellistä.

LISKO

Mutta miten? Luulin ettette te voi nousta toisianne vastaan.

DUMBLEDORE

Emme nousseet. Hän tahtoi tappaa. Minä yritin suojella. Taikamme kohtasivat.

Dumbledore hymyilee apeasti.

DUMBLEDORE (JATK.)

Sanokaamme sitä sallimukseksi. Mitenpä me muuten voisimme toteuttaa kohtalomme?

Lisko silmäilee häntä uteliaasti, kun Theseus liittyy heidän seuraansa.

THESEUS

Albus. Lupaa minulle. Etsit hänet. Ja pysäytät hänet.

Dumbledore nyökkää.

Horisontin keltaisuus alkaa hälvetä, hiipua hiljalleen mustaksi...

96 EXT. LOWER EAST SIDE – NEW YORK – ILTA

...Lower East Siden kadulla, missä KOWALSKIN LEIPOMON IKKUNAT hohtavat lämpöistä valoa.

KOWALSKIN LEIPOMO, KUVAUSPAIKKAMALLINNUS

97 INT. KOWALSKIN LEIPOMO – YHTÄJAKSOINEN – ILTA

IHMISIÄ pyrähtelee näkyville ja pois – sekä jästejä että taikaisia. Jacobin hääkakku kököttää nyt komeana morsian ja sulhanen päällään, yhdessä taas.

JACOB

Albert! Muista pierogit!

ALBERT

Kyllä, herra K.

Jacob ja Lisko seisovat samanlaisissa SAKETEISSA, Jacob käy häviöön tuomittua taistelua solmionsa kanssa.

JACOB

Albert! Enintään kahdeksan minuuttia kolaczkeille.

ALBERT

Kyllä, herra K.

JACOB

(Liskolle)

Hän on herttainen poika. Hän ei erota pasztecikia golabkista.

Juuri silloin Queenie saapuu KAUNIISSA PITSIPUVUSSA.

QUEENIE

Hei, kultaseni.

JACOB

Mitä!

QUEENIE

Lisko ei ymmärrä mistä sinä puhut. Minä en ymmärrä mistä sinä puhut. Etkä sinä ole tänään töissä, muistathan?

(silmäillen Liskoa)

Oletko kunnossa, muru?

(Liskolle)

Sinä hermoilet puhetta. Älä hermoile.

(Jacobille)

Sano hänelle, kulta –

JACOB

Älä hermoile puhetta.

LISKO

En hermoile.

JACOB

Mikä täällä haisee? Miksi täällä palaa?! Albert!

Jacob säntää pois. Queenie pyörittelee silmiään.

QUEENIE

Ehkä me hermoilemmekin jotain muuta vai?

LISKO

En käsitä mitä tarkoitat.

Queenie hymyilee tietäväisesti, siirtyy pois.

98 EXT. KOWALSKIN LEIPOMO – HETKEN PÄÄSTÄ – ILTA

Lisko astuu ulos etumarkiisin alle ja kaivaa taskustaan PAPERIN. Taittelee sen auki. Alkaa MUTISTA puhettaan.

LISKO

Päivänä jona tapasin Jacobin ensimmäistä kertaa... päivänä jona tapasin Jacobin ensimmäistä kertaa istuimme kumpikin Steenin Kansallispankissa... Ikinä en olisi –

Lisko kurtistaa kulmiaan, kohottaa katseensa. Näkee HAHMON bussipysäkin penkillä kadun toisella puolella, istumassa lumisateessa.

Juuri silloin jokin kutittaa Liskon näkökentän laitamia ja hän kääntyy – hitaasti – ja näkee NAISEN lähestyvän lumessa. Hänen ei tarvitse katsoa kahdesti, hän tietää.

Tina.

LISKO (JATK.)

Morsiusneito, oletan?

TINA

Bestman, kaiketi?

LISKO

Olet tehnyt jotain hiuksillesi?

TINA

En. Ai... Niin, kyllä, itse asiassa vain täksi illaksi.

LISKO

No, se sopii sinulle.

TINA

Kiitos, Lisko.

He katsovat toisiaan, eivät enää puhu, kun...

...Lally ja Theseus ilmestyvät.

THESEUS

Päivää.

LISKO

Katso kuka täällä on.

THESEUS

Mitä kuuluu?

LISKO

Näytät upealta, Lally.

LALLY

No mutta kiitos, Lisko. Arvostan. Onnea.

(Tinalle)

Tina. Tule. Sinun täytyy kertoa AYT:n kuulumiset.

He sujahtavat sisälle leipomoon.

Lisko lähtee seuraamaan muita sisälle, pysähtyy sitten, katsoo taakseen kadulle. Kuluu hetki, sitten:

THESEUS

Entä minä? Miltä minä näytän? Oletko kunnossa?

LISKO

Hyvältä näytät.

THESEUS

Oletko kunnossa?

LISKO

Joo, olen kunnossa.

THESEUS

Et kai ole hermostunut? Et voi hermoilla puhetta pelastettuasi juuri maailman.

He katsovat toisiinsa, sitten Lisko katsoo muualle ja näkee Dumbledoren istumassa bussipysäkin penkillä vastapäätä.

Lisko astelee lumisen kadun yli, pysähtyy ennen penkkiä.

DUMBLEDORE

Historiallinen päivä. Ennen oli ennen, nyt ajat muuttuvat. Hassua miten tavallisilta historialliset päivät tuntuvat, kun niitä elää.

LISKO

Ehkä niin käy kun maailma korjaa asioitaan.

DUMBLEDORE

On mukava tietää, että silloin tällöin käy niin.

Lisko silmäilee häntä.

LISKO

En tiennyt näkisinkö sinua täällä.

DUMBLEDORE

En ollut itsekään varma.

Heidän katseensa kohtaavat, sitten Dumbledore katsoo poispäin. Leipomon ovi avautuu ja Queenie astuu esiin. Valovoimaisena.

QUEENIE

Hei, Lisko! Jacob kai luulee kadottaneensa sormuksen. Ole kiltti ja kerro että se on sinulla.

Lisko kääntyy ja Piketti putkahtaa taskusta esiin, puristaen YKSINKERTAISTA SORMUSTA, jossa on PIENI, mutta kaunis TIMANTTI.

LISKO

Ei, kaikki on hyvin.

Queenie hymyilee, sitten katoaa sisälle. Lisko katsoo Pikettiä.

LISKO (JATK.)

Niin sitä pitää, Pike.

(katsoen Dumbledoreen)

Minun täytyisi varmaan –

Dumbledore ei sano mitään, tuijottelee yhä poispäin.

DUMBLEDORE

Kiitos, Lisko.

LISKO

Mistä?

DUMBLEDORE

Valitse vapaasti.

Lisko nyökkää.

DUMBLEDORE (JATK.)

En tosiaankaan olisi pystynyt siihen ilman sinua.

Lisko hymyilee vaisusti. Dumbledore tyytyy nyökkäämään. Lisko alkaa mennä takaisin, sitten pysähtyy ja kääntyy.

LISKO

Tekisin sen uudestaankin, sivumennen sanoen. Jos pyytäisit.

Lisko silmäilee Dumbledorea uteliaasti, sitten kääntyy taas, kävelee takaisin leipomoon ja katoaa sisälle.

Kun hän sulkee oven, NUORI NAINEN yllään LENINKI, jossa on PUNAISIA RUUSUKUVIOITA, rientää näkyville.

Nainen näyttää hämmentyneeltä, vilkuilee hiljaa huolissaan ympärilleen, sitten äkkää leipomon.

Bunty.

Dumbledore katselee, kun hän kiiruhtaa sisälle.

Dumbledore istuu vielä hetken, katselee ympärilleen, sitten nousee.

99 **INT. KOWALSKIN LEIPOMO – YHTÄJAKSOINEN – ILTA**

Queenie astuu eteenpäin Jacobin viereen TAIKAPAPIN eteen. Queenie kääntyy Jacobiin päin, ja taempana Lisko ja Tina, Lally, Theseus, Bunty ja Albert kokoontuvat katselemaan tunteikkaina.

JACOB

Vau. Olet kaunis.

100 EXT. KOWALSKIN LEIPOMO – YHTÄJAKSOINEN – ILTA

Dumbledore katselee ikkunan läpi ja hymyilee. Hän vetää takkinsa kauluksen tiukemmalle ja lähtee kävelemään poispäin, harppoo yksin lumisella kadulla kohti kaukana siintävää talvista horisonttia.

LOWER EAST SIDE, NEW YORK, KUVAUSPAIKKAMALLINNUS

dumbledore